Diseño: Norman Ibarra
Fotografía de portada: Bruna Zavattiero
Imágenes: Jorge Bonnet Belmontes

Página de internet: sofiatwins.com

Dos

Relatos de una mamá de gemelos

Sofía Bonnet Jaimes

Indice

Dedicatoria

Dedico este libro a todas las mamás de gemelos. Ellas son mis heroínas por haber criado dos al mismo tiempo, cuando la intención original de la naturaleza es tener solo un bebé a la vez. Porque sólo ellas saben cuán difícil es criar gemelos, cuán extenuante y satisfactorio al mismo tiempo. A ellas les dedico esta humilde selección de mis propias experiencias como madre de gemelos.

También le dedico este libro a todas las mujeres en mi familia y a mis amigas. De cada una de ellas aprendí cómo se quiere bien y cómo ser mamá.

Unas palabras a modo de explicación

Soy mexicana y desde años muchos años vivo en Nueva York, donde nacieron mis hijos. Escribo en español, pero también en inglés. La mayor parte de los textos en este libro los escribí en español, pero hay algunas partes que las escribí en inglés. Por ello, algunos textos están en inglés y hacen referencia a Nueva York.

Como muchas otras auto-expatriadas, vivo con el corazón en un país y los pies en otro. Nos llaman "bilingües" y la verdad es que somos "biculturales". Vivimos en dos mundos, el de nuestro pasado que trae raíces densas y hondas. Y en el de nuestro presente, que es testigo de nuestras vidas actuales y nos da espacio para la cotidianeidad.

Prólogo

Tener gemelos ha sido la experiencia más fuerte que he vivido. Nací en un país donde los terremotos son cosa común. Crecí en una familia grande, compleja, muy Mexicana. O sea que no crecí falta de emociones fuertes. Pero cuando tuve gemelos, todo lo que había vivido hasta entonces no fue suficiente para prepararme para la experiencia de parir y criar gemelos. La experiencia fue tan fuerte, que las emociones me rebasaban, me sentía totalmente expuesta, delirantemente feliz un minuto, y totalmente confundida al siguiente. No había otra opción más que escribir. La felicidad, la tristeza, la añoranza, la incertidumbre, todas me inundaban, se me resquebrajaban las paredes que antes me ayudaban a contener mi salud mental, y de ese desborde resultó este libro. Las aguas que rebasaron mi habilidad de seguir adelante sin volverme totalmente loca, están todas en estas páginas.

Cuando los niños por primera vez se encontraron con mis ojos, cuando tocaron mi cara con sus manitas, cuando vi a mi esposo cargándolos con tanta ternura... tenía que escribir. Era un impulso imposible de evitar. Aunque a veces otras prioridades no me dejaban sentarme a teclear: cambiar el pañal, atender al bebé que estaba inquieto, lavar ropa, contestar el teléfono, bueno, hasta a veces no tenía yo tiempo ni para comer. Pero los bebés, adorables como lo son todos, nos encantaron en el sentido mágico de la palabra, y ahí andábamos todos en una nube, seducidos por sus sonrisas inocentes, atareados con tanto que hacer para mantenerlos limpios, comidos, atendidos. Eramos nuevos en la tarea de ser padres, y pues cada día era aprender y equivocarnos, reír y llorar, abrazar y caer exhaustos. Mientras, los niños crecían a borbotones, con prisa y sin permiso. Esa combinación de felicidad y angustia nos dejó recuerdos magníficos, canas nuevas y la vida totalmente cambiada.

De esa experiencia, que nos pasó como rayo fulminante, nació este libro. De mi necia obsesión por escribir, por dejar plasmado en blanco y negro lo que nos pasaba en vivo y a todo color. Porque no importa cuánto me esmeré en describir lo que sucedía, las palabras son planas y la realidad es multidimensional, demasiado compleja para hacerle justicia al describirla.

Sofía

Sofía Bonnet Jaimes

Los inquilinos

Tengo dos inquilinos. Yo nunca había tenido inquilinos, y ahora me vienen a visitar por unos cuantos meses. Se instalaron aquí, en medio de mi vida, en medio de mi casa, en medio de mí toda, en ese centro de todo ser humano que rige el resto del mundo: tus sentimientos, tus actividades, tus planes, tus sueños. No me avisaron muy a tiempo, pues yo les esperaba un poco más tarde en el año, pero ellos dijeron "Ya llegamos" el 14 de junio, y desde entonces se me implantaron para siempre. Cabe también el comentario de que normalmente, en la vida común y corriente, los inquilinos llegan de a uno. Estos me llegaron de a dos, ¡pum! de un sólo trancazo. Yo, encantada, por supuesto, pues la noticia de tener dos inquilinos en vez de uno, es como saber que te sacas la lotería no una, sino dos veces. Luego de su llegada, vinieron algunas complicaciones. Siempre que un inquilino llega a una nueva casa, hay cambios que suceden para poder acomodarlos: la temperatura de la casa cambia, los inquilinos traen su existencia a un nuevo lugar que se debe adecuar a su presencia, y eso provoca algunos ajustes necesarios, que todo el mundo sobrevive. Pero en mi caso, esto fue un poco más complicado, porque al parecer la materia prima de mi casa no fue diseñada para recibir inquilinos tan fácilmente como sucede en otros casos. Entonces sucedió que el hogar de estos nuevos inquilinos se vio en una situación bastante penosa, hubo dolor, desesperación. Pero ahora, casi 5 meses después que llegaron, todo parece ir mejorando poco a poco. Es por eso que ahora tengo fuerzas para escribir un poco sobre ellos, mis dos inquilinos favoritos.

De ellos no puedo decir nada, pues aunque están dentro de mí, no los puedo ver ni sentir todavía en el mundo externo. Pero en el mundo de la fantasía están siempre presentes. Ahora sé que están pequeñitos, formándose pasito a pasito, pero cuando los imagino, los veo como unos bebés hermosos, llenos de vida, sonriéndome. Me imagino abrazándolos, besándolos, viéndolos dormir en paz. Sé que los inquilinos, una vez que terminan su estancia en mi casa, saldrán y no todo será miel sobre hojuelas, y llorarán, estarán inquietos, no me dejarán dormir. Y eso es parte de todo este argüende de tener inquilinos y prestarles mi casa para que se conviertan en seres completos. Por ahora soy un refugio para ellos, les doy todo lo que tengo en mí para que sus cuerpecitos se armen como debe ser, primero el corazón, luego la cabeza, la columna vertebral, las manos, los pies, los órganos, todo, hasta sus uñitas de los pies se están formando de mí y de lo que de mi casa están tomando. Espero estar siendo un buen lugar para empezar su vida. Yo, por mientras, estoy tratando de resurgir de la mala racha que le agarró a mi casa en estos meses, tanta náusea y vómito, y ya puedo funcionar un poco mejor. Tuve que pedir ayuda en esa fase, y mi familia vino a ayudarme a contener todo para que estos inquilinos míos pudieran quedarse en mí y seguir creciendo. Mi mamá ya les tejió varias cobijitas, porque cuando los inquilinos salgan por primera vez de la casa, tendrán frío. Su papá anda buscándoles una casa más grande, para que ellos puedan estar más a gusto cuando salgan a conocernos. Ya tenemos un auto nuevo donde los vamos a llevar a muchos lados: al campo, a la ciudad, a visitar a otros ex-inquilinos de otras casas. ¡Deseamos tanto que ya salgan y nos podamos conocer! Yo les hablo, porque sé que me escuchan y me sienten, les platico y les cuento cositas. Su papá los acaricia y los besa y los adora de una forma que hasta celosa me pongo...

Estos inquilinos han trastocado mi vida totalmente. Vivo para ellos, y ellos viven en mí como un milagro del cual no dejo de asombrarme. Están alojados aquí, debajo de mi piel, de mi ombligo, y la panza redonda que traigo es como su alcoba privada. Ahora somos tres-en-uno, pero en unos cuantos meses más seremos tres separados, y entonces comenzará su vida afuera de mí. Descubrirán el color rojo, el sabor a pera, la suavidad de su propia piel, el alimento que es el sol, la tersura de la luna, la locura de colores que son las flores. Se asombrarán de que los pájaros vuelan, beberán agua (en vez de flotar en ella), olerán los nardos. Tocarán la madera, aprenderán que todo en este mundo humano se nombra, se dormirán en paz como quizás nunca más lo harán cuando crezcan. Morderán con dientes nuevos, sufrirán angustias desorbitadas cuando se sientan abandonados por dos segundos, gritarán hasta lograr lo que quieran, y en esa melodía de amor y de leyes naturales y normas sociales nos entretejeremos para siempre. Y ese "siempre" lleva apenas unos meses de existir, por lo cual todavía estoy entre fascinada y ansiosa. Saber que dentro de mí hay dos vidas que ahora son prematuras y pequeñas, pero que llegarán a ser seres completos, con virtudes, anhelos, decisiones, altercados, tristezas, planes... me hace pensar que un día me mirarán a los ojos y reconocerán en mí a la que los recibió y alojó como inquilinos...

La soledad

2

Me despertó el hambre. En estas semanas soy un reloj de sueño, hambre y siestas. Mi cuerpo está gestando, o como diría mi amiga Nidia, yo estoy empollando, y el mundo que siga dando vueltas, que yo tengo mi misión de estar quietecita, dejando que ustedes se sigan desarrollando segundo a segundo. ¿Qué se siente estar allá adentro? Que lástima que la memoria consciente dé al traste con todos esos recuerdos intrauterinos. Sería maravilloso cerrar los ojos y revivir esos días de placidez absoluta.

He estado pensando en la soledad. La razón por la cual la tengo presente es porque ustedes nunca van a saber lo que es estar solos. Desde el momento en que comenzaron a crecer dentro de mí, supieron el uno del otro. Se intuyeron primero, como un foco de energía cercano y muy similar al propio. Luego crecieron y supieron que habían de compartir el mismo útero. Esta última frase, tan sencilla, va a determinar toda su vida con seguridad. No es lo mismo ser concebida como ser único, y flotar dentro de la madre "soazinha", sola, sabiéndose la reina del mismo universo, girando, regodeándome en "mi" espacio, donde "mi" mamá me cuida y me protege sólo a mí; a ser concebidos de a dos, en un par homogéneo que comparte desde el momento mismo que fueron seres vivos, un mismo espacio, una misma madre (que es "nuestra", no "mía"), un mismo albergue.

Claro que estos bebés no deben saber de eso, porque para ellos, esa es su única realidad. O sea: si a mí me regresaran de nuevo al útero de mi madre y esta vez fuéramos dos dentro de ella, yo sabría inmediatamente la diferencia. ¿Por qué? Por que yo ya viví la experiencia de ser una hija en singular dentro de mi madre. Pero estos dos pequeños dentro de mí, lo único que han experimentado por el momento es la compañía. Debe ser algo extraordinario saberse al lado de otro igual que tú. Porque los dos son, al fin y al cabo, una pareja inseparable. Ahora es inseparable por su cautiverio de nueve meses, pero después cuando crezcan, serán compañeros de juego, de comida, de mamá, de papá, de escuela, de alegrías, de cumpleaños, de nuevas aventuras. Estarán cerca, no como los hermanos comunes, como yo lo estuve de los míos por ejemplo, sino que estarán cerca espiritual y mentalmente a niveles que yo ni siquiera me puedo imaginar. La clave debe ser que aún siendo un par de seres que crecieron simultáneamente, uno debe ser diferente del otro. Porque si bien están dentro de mí juntitos, pateándose y sintiéndose a través de sus sacos embrionales, eso no quita que, por sí solos, sean una entidad totalmente diferenciada del otro. O sea, como dicen en mi tierra: *juntos pero no revueltos.* Mi hermana Diana se me viene a la mente. Ella fue cuata, pero su hermanito murió al nacer. Y mi pobre hermana, seguro no lo recuerda conscientemente, pero perder a ese compañero que estuvo junto a ella por nueve largos meses, debió haber sido devastador, sobre todo a tan temprana edad. ¡Lo debió haber extrañado horrores! Ay, yo ruego al cielo que estos dos hijos míos sigan en su camino hacia esta vida externa sin mayores alteraciones y vivan los dos. Ningún bebé recién nacido merece ser abandonado por su gemelo, me parece.

Hijos míos, no saben el gusto que me da saber que son y serán compañeros por siempre. Algún día pasarán por su proceso de individuación, el cual prometo hacer todo lo que yo pueda para facilitar, pero por ahora, disfruten su cercanía. Así como ahora están acurrucados uno cerca del otro, sintiéndose, tocándose involuntariamente, así sabrán después tocarse espiritualmente. Se conocerán el uno al otro como una gota de lluvia se refleja sobre la otra en un cristal. Nunca, quizás, podrán entender cómo los demás niños viven solos. Seguro algún día mirarán a sus amiguitos y se preguntarán cómo hacen para vivir sin un hermano gemelo. Y ustedes atraerán mucha atención, porque ser gemelo es ser diferente, la diferencia notable. Ayúdense a crecer en mi vientre, échense porras si las cosas no van bien, mándense buenas vibras siempre. Y cuando salgan de su escondite, su papá y yo les daremos la bienvenida al mundo, pero también dense mutuamente la bienvenida entre ustedes, porque finalmente podrán verse con los ojos abiertos, se olerán, se podrán tocar sin ninguna placenta que los separe. Sépanse acompañados por siempre, hermanados en un giro que la vida los puso, como el cordón umbilical cuando se entreteje sobre sí mismo. En este mundo, su papá y yo los cuidaremos a los dos por igual, los mimaremos, les daremos guía, haremos lo posible por que sean hombres de bien en el futuro, porque al fin y al cabo esa es nuestra responsabilidad: hacer de ustedes un par de seres humanos que vengan a mejorar el mundo, a ser buenos de corazón desde pequeños. Ustedes disfrútense, sean hermanos del alma literalmente, y sépanse que estar acompañado por siempre es una suerte que el destino les ha hecho a su favor.

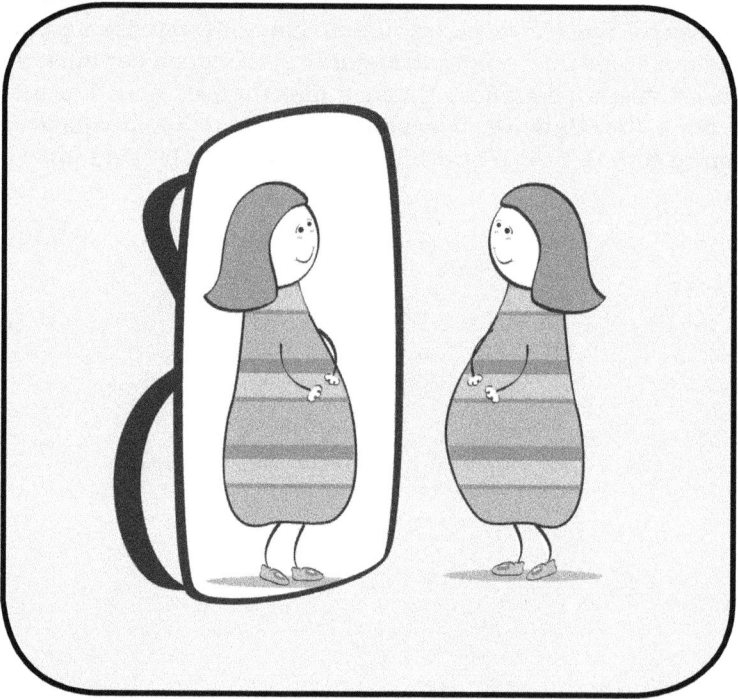

Ya no quepo

Ya no quepo en mi ropa. Me queda apretada. Ya no quepo en el coche. Tengo que recorrer el asiento para atrás para poder manejar. Ya no puedo subir escaleras como antes, pues me canso al cuarto escalón y me tengo que detener para recuperar el aliento. Ya no puedo cargar cosas, porque me pesan demasiado y mis pies no aguantan kilos de más encima. Ya no me puedo ver los pies si miro hacia abajo. Ya no vivo sólo en casa, ni el gimnasio, ni en el trabajo, ahora vivo en el baño haciendo pipí cada dos horas. Ya no aguanto el trabajo, pues ahora ya no le tengo tanto interés como antes. No soporto más la distancia, que ahora es mi muerte, todos esos kilómetros que me separan de mi familia, de mis amigas, de mis amigos, en México, en Pittsburgh, en Argentina, en España, en Brasil. Veo aviones y me quiero trepar al primero que pase y pedirle que me lleve por piedad a ver a los que quiero tanto porque ya no aguanto estar sola. Quiero que me soben la panza y que me consientan mucho.

Ya no sueño con viajes ni enredos, ahora sueño con salas de operación, cosas que se pierden, cuerpos que se abren por donde no se deberían abrir. David ya no cabe en nuestra cama, porque necesito mucho espacio para acomodarme y poner todas las almohadas alrededor mío; ahora el pobre duerme en el otro cuarto, exiliado de su propio lecho matrimonial. Mis anillos ya no me caben en los dedos; me entran pero no me salen. Ya no me alcanzo los pies cuando me baño ni cuando me quiero poner crema en los talones. Ya no puedo estar de pie más de dos minutos sin comenzar a buscar dónde sentarme porque siento que me desmayo. Ya no como tal como la gente normal come; ahora como cada vez que la tripa me cruje, que puede ser a cada rato. Ya no puedo ponerme calcetas sin pujar, ya no me puedo quitar los pantalones sin tirarlos primero al suelo para luego levantarlos. Tampoco puedo abrocharme las agujetas de los tenis. Mi espalda ya no aguanta más; me manda mensajes que esto debe parar pronto porque si no, se me va a resquebrajar.

Ya no puedo de la ansiedad de que pase el tiempo rápido y todas mis dudas y miedos se vean olvidadas, que mi cuerpo vuelva a su estado normal, que pueda yo subir y bajar como antes, hacer ejercicio, viajar, respirar profundo sin taquicardia, dormir 8 horas seguidas sin interrupciones, comer normalmente, andar en bici, esquiar, tomarme un buen tequila o unas copitas de vino, planear vacaciones, hacer el amor, cocinar por horas sin mirar siquiera al reloj o tener que sentarme a cada rato. Quiero volver a ser la Sofía de antes, la que iba y venía con mucha energía, la que no le tenía miedo a nada, la que era totalmente invulnerable a miedos, decepciones, tristezas; la que todo lo tenía bajo control y para todo tenía explicación. Ahora soy un guiñapo de emociones, me aterroriza el posible desenlace de mi presente situación, tengo pesadillas de que mis pezones se me abren en cuatro, sé de chicas que abortan y lloro, miro las noticias de las injusticias del mundo y me quiero esconder en el sótano por siempre, tengo dudas de todo, nada es estable ni dentro ni fuera de mí.

Al mismo tiempo veo todo diferente, como a través de un cristal que me hace ver todo en otro color, como si todo lo que antes era cercano e importante, ahora fuera lejano y trivial. Y todo lo que yo consideraba aledaño y dispensable, ahora es muy importante. No soporto la idea de que algo le pase a David, o a mis hermanos, o a mis amigos, amigas, o a mi papá o a mi mamá. Dependo de ellos como nunca lo había hecho, soy como una nena que no puede hacer nada sola, que necesita que todo le hagan: David me prepara de comer, me carga las cosas, me abre las puertas, me trae los cojines. David me compra leche, hace el supermercado, lava trastes, lava ropa, limpia coches, llena y vacía las alacenas. Y yo mientras lo veo, lo siento cerca y no puedo vivir sin él. No quiero vivir nunca más sin él. Nunca.

Ya no quepo en mis planes ni en la imagen que yo tenía de mí misma. Me miro al espejo y otra que no soy yo está ahí, mirándome, todo parece igual menos esa redondez debajo de mi ombligo que me hace pensar que quizás hubo una noche que me comí la luna llena entera. ¿Será eso lo que me pasó?

Tampoco me queda claro a dónde voy. Frente a mí se abrió un camino diferente. Es más amplio, pero no puedo mirar bien hacia dónde vamos. Antes sabía mi destino, qué paradas tenía qué hacer y qué tenía que traer conmigo. Ahora no lo sé. Todo está diferente. Me cambiaron la jugada. No hay mapas, ni paradas previsibles, no tengo instrucciones de cómo evitar los peligros, ni hay pistas de si voy bien o mal. Me siento bastante perdida, pero con esta carga que llevo, no hay vuelta atrás. Y sin embargo, hay algo dentro de todo este caos que sí tiene sentido: me siento extrañamente atraída por esto que me está pasando, como si anduviera hipnotizada. Algo en toda esta confusión me seduce. Debe ser porque estoy creando algo nuevo, porque algo totalmente sin precedente dentro de mi cuerpo está sucediendo. Hay como una energía en este camino que es definitivamente positiva, un aura de muy buena vibra. Hasta podría decir que hay ángeles que me acompañan, que me están literalmente llevando de la mano. Y yo, aquí voy con ustedes, y hasta donde lleguemos, hijos míos.

¿De dónde vienen?

Capítulo 4

Miro mi panza y miro a la puerta de vidrio frente a mí. El otoño está todo coloreado de sol, como si gotas del astro maestro les hubieran caído a todos los árboles y ahora están dorados brillando en esa luz que es tan tranquilizante. Vuelvo a mirarme la panza, y me pregunto: ¿de dónde vienen estos niños? No me pregunto para dónde van porque eso ya lo dirá el mañana. Pero el pasado, su pasado, ¿dónde está? ¿Qué los motivó a venir a mi cuerpo? ¿De qué están hechos? Obviamente no me refiero a los tantos gramos y centímetros que el radiólogo insiste en decirnos que pesan y miden cada vez que hacemos un ultrasonido, sino me refiero a su materia humana, a las partículas que forman su ser más que su cuerpo...

Sólo puedo hablar bien y de golpe de mi lado de la familia.

La respuesta es muy variada. Estos niños vienen de México, de ese país en forma de rizo que se trae un idilio amoroso con los dos océanos que tiene a los lados. De ese país lleno de mujeres y hombres que saben sonreír a la vida porque sí, porque están vivos, que tienen un sentido del humor a flor de piel y una manía por compartir la vida difícil de agotar. Todos se tocan en México: las familias se abrazan, se estrechan, se acurrucan los unos en los otros. El síndrome del muégano. En las calles de la ciudad donde crecí, ríos de personas caminan por el centro, buscando, tocándose al pasar, rozándose, chuleándose los albañiles a las señoritas encopetadas que pasan frente a las construcciones en tacones. En el metro subterráneo, cientos de ciudadanos se hacinan en cubículos anaranjados, luces que nos hacen lucir más atractivos, y nunca falta el molesto que a fuerzas se quiere parar detrás de tí para tocarte "sin querer" cuando lleguemos a la siguiente parada.

Estos niños vienen de esos dos lugares: de la placidez del barrio nuevo y moderno, y de la locura enloquecedora pero vibrante de la inmensa Ciudad de México. Vienen de domingos con la familia, visitas a mi tía Lilia, de correr a las escondidillas con mis primos cada fin de semana. Vienen de las taquizas para celebrar cumpleaños, de pasteles de La Ideal y arroz a la poblana como sólo lo saben hacer las mujeres de mi familia. Vienen del sol de los domingos en la tarde, que se dedica a recorrer México con la misma tranquilidad con la que la luna se deja subir por allá a lo lejos. Vienen de ver a mis hermanas y cuñadas embarazadas, de ver cómo la familia entera se entregó al profundo enamoramiento con los nietos, que se dieron uno tras otro en un lapso de cinco o seis años. Primero un niño que me vino a destronar olímpicamente y me enseñó en carne viva la definición exacta de los celos. Luego vinieron los demás y mi trono definitivamente se fue al pozo de los olvidos, cuando toda la familia tuvo algo nuevo en qué entretenerse. De esa fascinación casi obsesiva con los bebés vienen estos, mis hijos. De saber que un bebé puede trastocar la vida no de un pareja, sino de toda una familia en un dos por tres. Y siempre para bien. Siempre acomodados en el mejor lugar afectivo de esa familia, bienvenidos desde el instante de la concepción. Siempre adorados, siempre preferidos.

De más atrás de mi familia inmediata, estos bebés vienen de una raza de mujeres y hombres que les tocó vivir la Revolución Mexicana en el campo. Mi abuelita, una mujer de fresno y manzanilla, de hierbabuena y mazorca, nos hiló a todos en su historia, en su intrépida vida. De su descendencia, podemos decir que las mujeres le salieron estoicas y los hombres buenos de corazón. Mi abuelo, un hombre grande, alto, simpático, de varias mujeres a la vez, dejó en mi abuela, antes de morir unos años después, una semilla de arrebatos tumultuosos y voluntad de hierro: mi mamá. Ese hombre, que por andar de pistolas y a caballo siendo importante y celado, perdió la vida en una traición de esas que sólo vemos en películas. Ese hombre es parte de estos niños que traigo dentro de mí. Sus genes pululan por aquí en mi barriga. Inteligente y líder por naturaleza, se fue de esta vida desafortunadamente muy pronto. Pero al parecer en esas épocas la vida era eso: un riesgo, un momento; y al son de "la vida no vale nada" seguramente más de una viuda, legítima o no, le lloró muchas noches tras su entierro. Pero le dejó a mi abuela una niña de trenzas largas y mente avivada, que cada día se parecía más al padre. A mi abuela, que tantas penas pasó en su vida, pero que ninguna de ellas la hizo más débil, estos niños le deberán agradecer sus genes también. Espero que sean fuertes como ella, que no se dejen humillar por cualquiera y que expresen sus intereses aunque no coincidan con los de los demás. Que no le tengan miedo a la soledad, y que aprendan a ser autosuficientes gracias al trabajo del día al día. Estos niños están hechos de la tierra del rancho, de La Tenería, de esa tierra roja y áspera que cuando se seca se hace piedra y cuando se moja se hace chicle. De esa tierra que me ensució tanto de chica, cuando en las vacaciones íbamos, y en los barriales me la pasaba riendo y corriendo con mis hermanos y mis primos, hasta que la sed nos ganaba y nos teníamos que regresar a la casa por un agua de limón bien fresca, sacada del ojo de agua, del mero Trompillo. De esa tierra en la que todo se da: lo que le siembres crece y crece frondoso, amplio, sin inhibiciones, bajo ese sol que pega tan duro a medio día, bajo esas lluvias que cubren todo de verde limpio y huele nada más que a tierra mojada cuando termina de caer. Estos niños vienen del campo mexicano, de allá detrás de la sierra y camino al mar, vienen de gente campesina, trabajadora y humilde, de sombrero y rebozo, de ojos cristalinos y manos ásperas muy afectuosas.

También vienen del otro lado del espectro social mexicano: el lado de mi papá, de donde es la familia cuasi-aristocrática de la Ciudad de México de principios de siglo. Las Tías de la calle de Cedro, como les decimos a un grupo de tías, unas quedadas, otras no tanto, que viven en Colonia Nueva Santa María, que en sus épocas fue un barrio muy elegante de la ciudad. En las fotos de hace décadas, se ven bodas señoriales, quince años magníficos, con las damas enguantadas y de sombrero de ala, los hombres de trajes a la medida, los candelabros de salones de fiesta que reflejaban en destellos las joyas que después, por angas o por mangas, terminaron empeñadas en el Monte de Piedad seguramente. Esa parte de la familia fue de clase alta, pero la decadencia se vino rápido. Mi papá creo que tuvo poco que disfrutar de ella, y antes de llegar a la adolescencia, tuvo que trabajar.

Esa parte de la familia (Bonnet) seguramente viene de cuando la invasión francesa de mediados del siglo pasado o algo así, porque ese apellido es delatador a más no poder. Mi abuelo, no sé porqué, siempre lo ubico con Agustín Lara: alto, de sombrero, flaquito, con la cadena de su reloj dorada siempre al bolsillo del pantalón. Nos traía dulces de todos los colores y sabores cuando éramos chicos. Me sentaba en sus rodillas mientras platicaba con mi mamá, y luego yo me le escurría para agarrar más dulces e irme a jugar con mis hermanos. El se quedaba platicando con mi mamá en la sala. Era distinguido y como sacado de una película blanco y negro. Dejó varios hijos: los hombres con un amor y un sentido del humor incalculables, y las mujeres complicadas y fascinadas por el chisme sabroso. Mi Tío Rafael es un claro ejemplo de la sangre que corre en la familia de mi papá (y ahora que corre también en mi útero): era un tipo alto, de pelo castaño ondulado, peluquero, y con un sentido del humor digno de un cómico profesional. ¡Era tan gracioso mi tío! Le gustaba hacer muchos chistes, pero no era el típico graciosito que se aprende chistes y luego te los cuenta y te ríes con él. No. Mi Tío Rafael improvisaba con los elementos del momento, se le ocurrían una cantidad de tonterías por minuto que siempre llenaban las casas por las que andaba de carcajadas plenas. Más de una vez alguien escupió el refresco por su culpa. Tenía la habilidad de poner motes o sobrenombres como ningún otro. El Dientefino (tenía dos hileras de dientes) y los Cavernas (eran muy primitivos) son sólo vagos ejemplos de los que ahora me acuerdo. Ese Tío Rafael era el que, en las Navidades y los Años Nuevos, a la hora de la bailada, comenzaba a empujar a los demás, así como sin querer, hasta que todos terminábamos aventándonos y cayéndonos encima de los otros, muertos de la risa y amontonados en una pila humana donde alguien siempre terminaba hasta abajo medio asfixiándose de verdad y de la risa. De esas carcajadas de entonces vienen estos niños también.

Estos niños también vienen de mis hermanos y hermanas. Vienen de la ternura de Julio, con esos ojazos de venadito asustado, de esa timidez que siempre lo hizo adorable. Vienen de la rebeldía de Arturo, de los hippies y la filosofía de los Beatles: *let it be*. De la astucia y la seducción de Carlos, de su vasta inteligencia y mente estratégica que siempre lo hacía salirse con la suya, sutil, pero tenazmente. Vienen de la dulzura de Diana, de su empeño en hacer las cosas bien, de su inmensa capacidad de ser hermana de todos, resuelta y abierta, como una amiga a la que acudes cada vez que tienes un problema. De la terquedad de Rosa, de su voluntad férrea, de su franqueza, de ese brillo fugaz en los ojos de fiera que se le aparece cuando se entusiasma o cuando está enojada.

De todos estos rasgos vienen mis hijos, estos dos bebés deberán ser una mezcla de las bondades y defectos de muchas generaciones, que se han ido entretejiendo como enredaderas, y estos pequeños serán una rama más en ese árbol familiar que somos todos, claro que ahora mezclados con otro árbol: el de la familia de David.

Les deseo a estos hijos míos que todas las características que hereden de esta multitud de familias les sean benéficas, que aprovechen lo más que puedan sus herencias, que aprendan sobre la historia de la familia, pues lo que somos ahora no es más que un producto de lo que fuimos y de las huellas que los demás dejaron en nosotros. Que nunca renieguen de sus cargas genéticas, que las valoren y se sientan orgullosos de ser dos productos de las dos partes de la familia. Ya les tocará a ellos crear otra rama de otro árbol y así crecerán muchas más hojas…

Cuando nos veamos

Capítulo 5

Sebastián, Rodrigo,

Cuando nos veamos, en unas cuantas semanas, se van a encontrar seguramente con una mujer que los va a cargar y llorará y llorará. No se asusten, esas lágrimas serán sólo de la emoción inmensa de finalmente tenerlos en mis brazos. Tampoco se asusten del medio externo; yo sé que al principio va a parecerles frío, con demasiada luz, mucho ruido, poca protección. Y eso será porque lo compararán con mi útero, que hasta ahora es para ustedes su único hogar, ese escondite húmedo, calientito, que amortigua todo lo que pasa allá afuera para protegerlos y que ustedes siguieran creciendo sin distracciones de ningún tipo. Pero todo cambia, hijos míos, y ustedes vendrán a este mundo, entre muchas otras cosas, a crecer. Y en mi útero ya no podrán crecer más. Y por muy extraño que les parezca al principio el mundo acá afuera, verán con el tiempo que es maravilloso; aprenderán de él, lo absorberán como esponjas, lo analizarán, lo comprenderán, lo cambiarán y a veces simplemente lo dejarán ser.

Cuando yo los vea, voy a ser un guiñapo de hormonas desarregladas. No voy a saber qué decirles porque el hecho de tenerlos en mis brazos va a ser tan inmenso que no voy a tener cómo contenerlo ni explicarlo. Pensar que sus dos cuerpecitos son el resultado de una unión de amor entre su padre y yo, hace ya uf, tantos meses, cuando, de todos los cientos de óvulos con los que yo nací, con todos los millones y millones de espermatozoides que su padre ha producido, sólo cuatro de todos ellos se unieron en un nanosegundo, y la luz que inicia la cadena de la vida se vio recreada en ustedes dos. Todavía no puedo comprender, y quizás nunca lo haga, cómo un hecho tan natural, tan rústico y biológico, se puede convertir en una aventura emocional de este tamaño. Ustedes serán lo primero que yo creé, que tiene vida propia, que palpita, que vibra por sí solo. Y no sólo eso, sino que ustedes, a su tiempo, también podrán reproducirse, tener hijos... contribuyendo con un eslabón más a esta raza humana, de esta especie compleja y extraordinaria de la que formamos parte.

Cuando los tenga en mis brazos, reciban de mí todo lo que tengo para ofrecerles, que no es más que mi cuerpo, mi espíritu y mi historia. No tengo más que darles. Aprenderán de mí y de su papá los gestos, las costumbres, los lenguajes, las muecas, la forma de caminar, la forma de reaccionar ante diferentes situaciones, los gustos y los disgustos. Luego ustedes crecerán y decidirán si eso que aprendieron les sirve o no, e irán moldeando su propia personalidad, porque a pesar de ser gemelos, tendrán su propia identidad, distinta y única el uno del otro. Y nosotros, sus padres, tendremos que recordar siempre que ustedes son hijos de la vida, que no son ninguna posesión, ningún trofeo, ninguna prenda para presumir. Ustedes son, desde ahora, seres con un futuro que sólo les pertenece a ustedes. Nosotros somos sus creadores, sí, pero sólo los moldearemos; la forma final ustedes la darán. Les deseo mucha suerte en ese camino a ser hombres de bien, con el corazón amplio y la mente flexible. Les deseo unas manos suaves para acariciar, una inquietud por conocer y saber más cada día. Les deseo fortaleza en su cuerpo, que aprendan a respetarlo y venerarlo como un aliado. Les deseo unos ojos que miren más allá de lo físico, que aprendan a leer donde no hay palabras, un oído que comprenda más allá de lo dicho, porque lo evidente nunca es la historia completa. Les deseo unos labios que hablen la verdad, que sean honestos, y que siempre estén dispuestos a las sonrisas, a las carcajadas, a la alegría de vivir. Les suplico por favor, no vayan a salir tan complicados como su madre; sean simples, claros, directos, no se agobien mucho, resuelvan las cosas rápido. Verán como la vida es más fácil así.

Cuando nos veamos, sé que voy a estar triste porque ya no habitarán mi cuerpo, porque no seré más parte intrínseca del milagro que ahora somos los tres juntos. Pero aunque me vean agüitada, no me hagan mucho caso, porque en el fondo estaré alegre de verlos camino a la ternura.

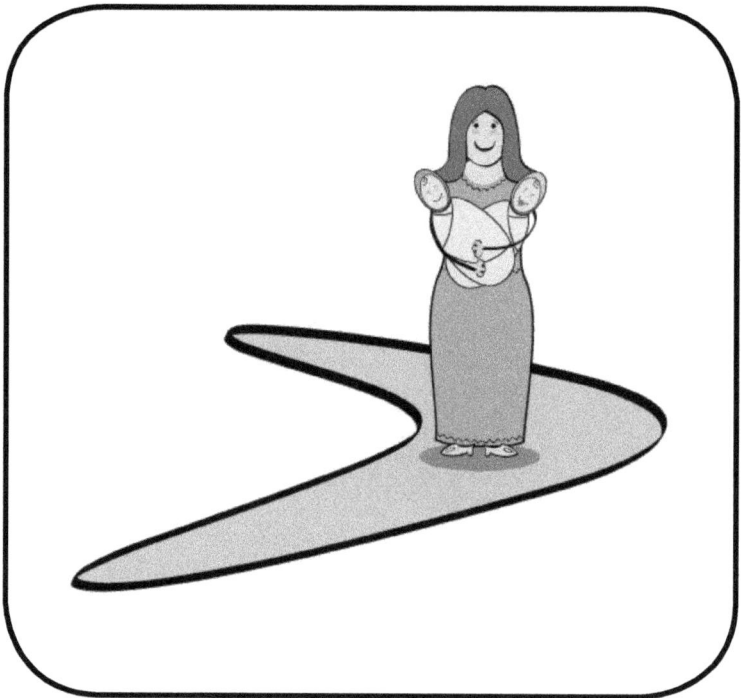

¿Quién?

Capítulo 6

Hoy los niños cumplen dos meses. Dos meses de estrenarse en este mundo, donde todo para ellos es pecho, calidez, dolores de pancita, arrullos, ropita nueva y brazos que los cargan dándoles la bienvenida de la mejor forma que podemos. Ocho semanas en que se han despertado a la vida con unos ojos grandes que pestañean curiosos cuando ven un color brillante, una cara nueva o cuando escuchan a lo lejos una voz conocida. Ocho semanas de proporcionarnos la oportunidad de ver el mundo con esos ojos nuevos, de descubrir con ellos la maravilla de ser acunado, la placidez de comer bien y calientito, el amor que brota por todos los poros cuando los arropamos y besamos. También hemos vivido con ellos la otra cara de la moneda: el miedo ante ruidos fuertes, la desesperación de la leche que no llega exactamente a tiempo, el frío congelante cuando les tenemos que cambiar el pañal a media madrugada, el terror de no saber si nosotros siempre estaremos aquí para cuidarlos.

Esta relación madre-recién nacido es tan fuerte que a veces ya no sé quién es quién ni quién hace qué. Porque cuando tu cuerpecito se pega a mi pecho y con tu cabeza en mi hombro te sientes tibio y en paz, dime, ¿quién está meciendo a quién? Cuidarlos es un acto como un boomerang, porque al hacerme cargo de ellos, también hay huecos en mí que se van llenando, huecos que ni siquiera sabía yo que existían, necesidades en mí de las que ni siquiera me había enterado. Cuando lloras y te sientes desesperado, y llego yo para aliviarte, dime, ¿quién está consolando a quién? Cuando tienes frío y te proveo con mis brazos, una sabanita, palabras suaves, y tú te me acurrucas y me calientas también a mí, dime, ¿quién está protegiendo a quién? Cuando terminas de tomar el pecho y te mezco despacito, y me miras desde el fondo de tu inocencia, y me dices que nuestro amor es mutuo, dime, ¿quién está acurrucando a quién?

En lo que me he convertido

Capítulo **7**

Ahora no soy más la que era antes, sino que soy mucho más cosas. Ahora no tan sólo soy la esposa, la empleada, la hermana, la hija, la amiga. Ahora soy la madre también. Proveedora de alimento, de abrigo, de alivio, remanso después de un berrinche. Sebastián y Rodrigo me buscan irremediablemente, lo cual es muy adulador, pero me da miedo, me asusta ser indispensable, necesitada a ese extremo. Quiero que aprendan a obtener lo que necesiten de cualquiera, y por eso es una bendición que David, mi mamá y mi hermana estén aquí con ellos. Pero esta liga yo-pecho-bebé es muy fuerte, rige nuestras vidas estos días, es innegable y avasalladoramente poderosa. Rodrigo y Sebastián me han convertido en su diosa... y yo no estoy acostumbrada a los altares.

En mi reino

Capítulo 8

Vivo con dos príncipes.
Uno es de marfil, el otro de caoba.
Uno muere por dormir en mis brazos, el otro prefiere su lecho
a solas después de saciarse de mi pecho.
Uno huye de mis ojos para mirar el mundo y descubrir algo
nuevo, hambriento por llenarse de emociones no conocidas
para él aún.
El otro me lleva a sus aventuras, quiere compartirlas conmigo,
y me aprieta la mano cuando lo que descubre lo asusta o
confunde.
Para ellos a veces soy la reina, y me tratan con una adoración
celestial, pero a veces soy su lacaya y me mangonean hasta
lograr lo que quieren.
Soy su amante, su sirvienta, su diosa, su contacto con el
mundo que ellos no pueden comprender.
Soy su traductora, su lugar de reposo, el hombro donde
desahogan sus penas, el regazo donde descansan de tanto
navegar por un mundo nuevo.
Soy la tierra que los parió, su patria, su destino.
Ellos son de una realeza desconocida para nosotros los
mortales, ellos fueron asignados por dioses de altísimo rango
a venir a nuestro mundo para darnos la oportunidad de
servirles... o por lo menos eso es lo que creen estos príncipes.
Y así nos reímos juntos a veces, otras lloramos, otras tan sólo
nos abrazamos y admiramos la maravilla que es estar reunidos
en este preciso punto del tiempo y espacio que nos hizo
coincidir.
No importa si soy su súbdita o su princesa, sólo importa que
estamos juntos en ese reino.

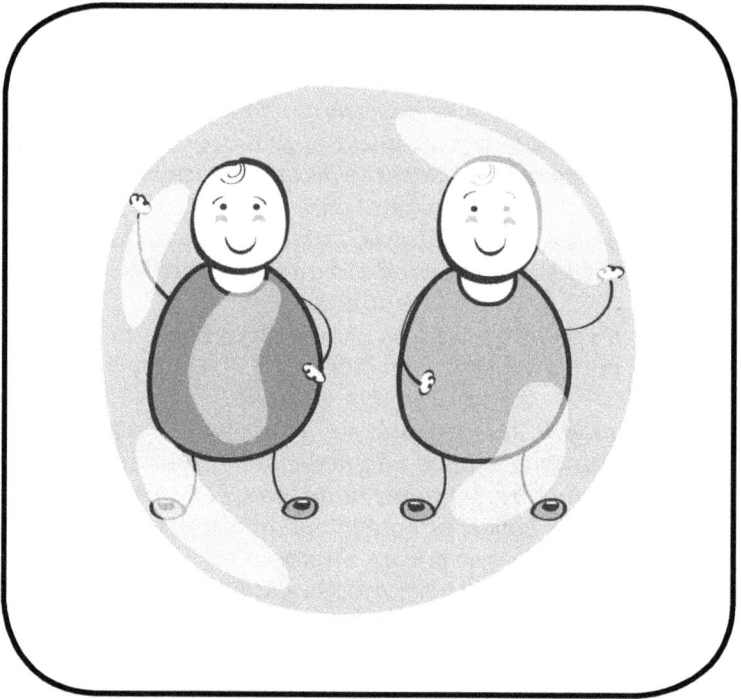

¿Será mucho pedir?

9

Cuando llegaron los niños a esta casa, a la semana más o menos, David tuvo el valor de cortarles las uñitas de las manos. Yo lo miraba y lloraba de miedo de que los pudiera lastimar... bueno, no sólo por eso, sino por los litros de hormonas galopantes que habitaban mi cuerpo entonces y que le abrían la llave a mis lágrimas sin más ni más. Luego mamá les cosió las manguitas a todos sus mamelucos porque se seguían arañando la carita. Pasaron días. Un día vi cómo Sebastián quería sacar su manita y no podía. Agarré las tijeras y le abrí las mangas. Salieron del mameluco dos manitas blancas, de dedos larguitos, uñas filosas, palmas de seda, dispuestas a tocar el mundo, abiertas e inquietas. Después de ver cómo las movían libremente y de vivir el placer de que me agarraran el dedo mientras estaban pegados a mi pecho, les abrí las mangas a todos los mamelucos. Claro que antes intenté, y afortunadamente triunfé en, cortarles las uñitas. Fue un día con mi mami sentada junto a mí, mientras le daba el pecho creo que a Rodrigo, que me armé de valor y agarré el mini corta-uñas de bebé y allá voy, atrevida pero resuelta a no permitir que se lastimaran con esas uñas que cortan finito y hondo como el papel. Así comenzó la primavera.

Luego un día vimos que los mamelucos azules, que eran los únicos que les quedaban perfectos recién llegamos a la casa, ya les apretaban de las piernas. Entonces me dí cuenta que estos niños estaban creciendo. Me mortifiqué porque supe que habían comenzado un camino de nunca acabar. Lloré quedito e hice una plegaria pidiendo que su crecimiento espiritual fuera tan fuerte y tenaz como su crecimiento físico, para toda la vida. Que su alma se expandiera tan lejos como sus sueños y que no hubiera límites para su entendimiento y su capacidad de asombro ante el mundo, ante el universo.

Otro día vino la limpieza de los cajones. Comencé a sacar cosas que ya no les quedaban, y las puse en una bolsa blanca. Ayer esa bolsa se convirtió en caja. Diana, mi hermana, me ayudó a revisar todo otra vez, y ropitas migraron de aquí para allá, la chiquita del cajón a la caja, la más grandecita del closet al cajón. Les pusimos un trajecito que yo juraba les vendría enorme, y les quedó perfecto, un pantalón azul con cuello de tortuga amarillo y una jirafita al frente. Preciosos se veían mis hijos, vestidos iguales. Pero algo dentro de mí se me desgarra porque están tan lindos a esta edad, tan tiernitos, tan suaves, tan de terciopelo, que no quisiera que crecieran; quisiera que la vida me diera la oportunidad de que me duraran de este tamaño un mesecito más, no pido tanto, pero quiero un mes más para besarles esos cachetes redonditos, sobarles su pancita cuando duermen y su ombliguito sube y baja suavecito al compás de su respiración, mirarlos dormir quietecitos sin chistar, endulzarme la vida sólo con abrazarlos con su cabecita en hombro, y hablarles quedito de todo lo que siento por ellos. No quiero todavía que crezcan, no estoy preparada para ello, con trabajos llegué a este punto, cuando finalmente estoy disfrutando la maternidad, después de meses de vómitos, anemias, náuseas de terror, incomodidades, después de no poderme mover libremente, de no poder dormir, de sentirme exhausta todo el tiempo. Después de pasar semanas de insomnio cuando apenas llegamos a la casa, y todos estábamos acostumbrándonos los unos a los otros, y yo traía los pechos hinchados como melones, la herida a mitad de mi útero doliente, las ojeras hasta el suelo. Ahora finalmente ya me acostumbré a dormir poco, y como ellos ya están más fuertecitos, tengo tiempo de disfrutarlos más, de apapacharlos, de platicarles, de jugar con ellos. Rodrigo es el más feliz cuando lo riego todo de besos y trompetillas que a veces le sacan una sonrisota. Sebastián se muere por ir a descubrir el mundo y enseñármelo desde su ingenuidad. No quiero que crezcan... ¿será mucho pedir?

Ahorita los dos duermen, Sebastián en nuestra cama rodeado de azul y verde, y Rodrigo en su sillita digiriendo el atracón de leche que se echó hace ya casi cuatro horas. David está preparando los papeles para nuestra declaración de impuestos, y mi hermana Diana prepara no sé qué delicia en la cocina que huele hasta acá y me tienta a dejar de escribir e irla a probar. Es más, ahorita vengo.

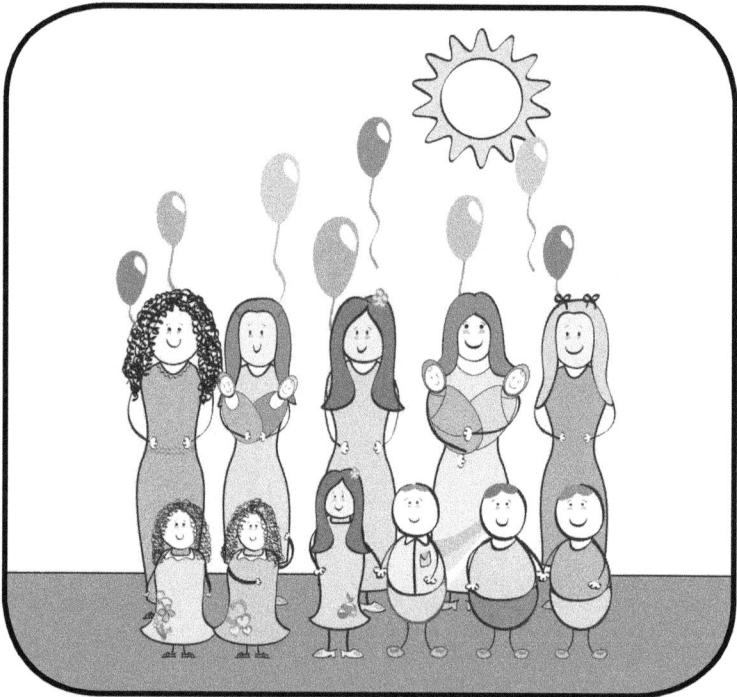

Mamás de gemelos

10

Ayer fui a una reunión del Club de Mamás de Gemelos. Ay, qué alegría verme rodeada de mamás que ya pasaron por lo mismo. Finalmente pude hablar de cosas que otras mamás no comprenden como:

- la tremenda carencia de descanso y tiempo para dormir cuando tienes dos bebés
- cómo arreglárselas para que uno no despierte al otro
- cómo acomodarlos en la misma cuna cuando van creciendo y ya no caben
- cómo darles de comer a dos bebitos llorando de hambre al mismo tiempo
- qué hacer para evitar contagios entre ellos mismos si están siempre tan cerca
- cómo aceptar el hecho que ninguno de los dos tendrán nunca toda mi atención, por más que quiera, porque siempre está el otro pidiendo atención también
- la diferencia entre el rol de una mamá que tiene un bebé, y que le puede dedicar todo el tiempo a él solamente, y la mamá de gemelos, que apenas se da abasto para darles de comer y tenerlos limpios y cambiados
- el estrés adicional que trae el tener gemelos en la relación de pareja.

Hasta se me salieron las lágrimas cuando, siendo una socia nueva en el grupo, muchas se me acercaron simplemente para escucharme. Y entonces me dí cuenta de cuán sola estaba hasta ese momento en este asunto de ser madre de gemelos; porque por mucho que otras amigas que ya son mamás me llaman y platican, ellas no pueden entender lo difícil que es criar a dos bebés de la misma edad al mismo tiempo y sólo con dos manos.

También me dijeron estas nuevas amigas que ahora es una época particularmente difícil, pero que poco a poco, y conforme los niños crezcan, voy a tener más retroalimentación de su parte, y van a sonreír más, a buscar más actividades que los mantengan ocupados. Me dijeron que nunca las cosas se van a poner mejor ni más fáciles, sino diferentes. Y es que las otras mamás me dicen "no te preocupes, ya por el cuarto mes todo se pone más fácil", pero las mamás de gemelos me sacaron de la nube, porque me dicen que no es que se ponga más fácil sino que otros problemas surgen y son diferentes, y eso sucede casi cada dos meses. Si ahora el problema es que no duermen toda la noche, en dos meses va a ser que todo se meten a la boca y luego que gateen los dos al mismo tiempo y en diferentes direcciones. En fin, me sentí rodeada de tanta sabiduría práctica y cotidiana que me hicieron sentirme feliz y sobretodo acompañada y "normal".

Hay leche

11

Hay leche en los restos de las mamilas que están en el fregadero. Tuvimos que comprar más porque estábamos hartos de lavarlas tan seguido. Hay leche en mi brassiere porque ayer en la noche mi seno derecho decidió producir una cantidad exorbitante de leche y se me escurrió. Hay leche en el cuello del mameluco de Rodrigo porque ya que está acostadito o en su silla después de comer, le da un hipo tremendo que le hace hasta devolver tantita leche en chorritos silenciosos. Hay leche en el descansabrazos de los sofás de la sala, porque ahí ponemos las mamilas cuando se las estamos dando. Hay leche en el piso porque a veces cuando le sacamos el aire a Rodrigo y eructa, escupe leche a borbotones y cae en todos lados, terminando su trayectoria normalmente en la alfombra. Hay leche en la almohada donde los acuesto para darles pecho, sobretodo porque Dieguito es tan silencioso y tranquilo que eructa solito acostado y se le sale tantita leche sin que me dé cuenta, o a veces se queda dormidito en la almohada pero sigue moviendo sus labios sobre mi pezón, que sigue destilando leche que cae en la boquita de un bebé dormido, quien por supuesto la deja escurrir subrepticiamente por debajo. Hay leche en las camisas de David que se resiste a ponerse un trapo al hombro cuando carga a los niños.

En toda la casa hay una nube blanca y transparente, una senda nacarada que nos envuelve a todos, surge de mí, va hacia los niños, que la transforman en energía, en movimientos de su cuerpo, que crece y nos llenan los brazos cada vez más. Somos un círculo de alimento y crecimiento y pañales y vuelve a comenzar de nuevo... una vía láctea de amor y vida nueva.

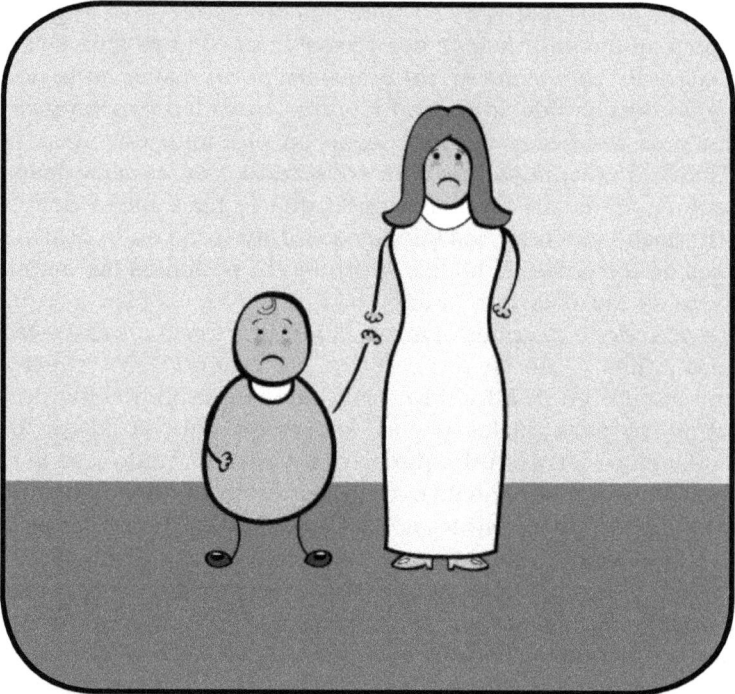

Ya no llores

12

Mi hermana Diana se regresó a México después de estar con nosotros ayudándonos con los bebés. La casa está triste, pero el que no deja de llorar es Rodrigo...

Ya no llores, Rodrigo, ya no llores. Yo sé que extrañas a tu tía Diana. Yo sé que no están aquí ya sus brazos suaves para arrullarte con paciencia, ni sus palabras dulces para consolarte. No llores Rodrigo, ya sé que no está aquí mi hermana para adorarte, para idolatrarte, para hablarte con dulzura y pacificar tus inquietudes. No llores, mi vida, yo te voy a arrullar ahora, no como lo hacía tu tía, porque ella lo hacía desde lo más profundo de su historia, recordando a tu primo Betito cuando estaba de tu edad, reviviendo esa época en su vida que fue maravillosa y que ahora está tan lejana... No llores, mi amor, ya se te va a pasar la nostalgia, verás cómo poco a poco vas ha ir recordando en mis brazos la sensación de tu Tía, porque ella y yo somos hermanas, y ella también me cargó a mí cuando era pequeña, por eso sé lo bien que se siente estar acurrucada en ella. Por eso comprendo tu tristeza, mi amor, porque yo también la extraño mucho, no sé qué hacer ahora sin ella, sin sus pasos por la casa, sin sus consejos, sin sus desvelos por verte dormir bien, no sé para dónde mirar cuando veo el sillón desde donde te arrullaba en tu sillita y no hay nadie. Y en el día busco su voz para platicar, para recordar cuando éramos chicas, para reirnos de nuestra infancia y las travesuras que hacíamos. Ya no está con sus piyamas gruesas, muerta de frío tu pobre Tía, titiritando en las madrugadas a pesar de las cobijas y las calcetas gruesas. No llores, mi rey, ya verás cómo nos desquitamos el año que entra que ella vuelva y entonces te verá más grandecito, y tú la abrazarás y Sebastián también la reconocerá, los dos la rociarán de besos y caricias, todas esas que ahora están guardando para ella cuando llegue de nuevo a esta casa, donde ahora tú estás llorando, mi vida, ya no llores Rodrigo, que tus lágrimas se me vienen a mis ojos y héme aquí llorando también...

Pedro

13

Pedro tiene dos ojos que me parece que eran luceros y un día Ana Laura los miró tanto mientras estaba embarazada, que los luceros decidieron instalarse en su panza e iluminar la cara de Pedro para siempre. Son enormes, claros, bordeados por un tapiz de pestañas negras, tupidas y largas, que pestañean incansablemente mientras habla, camina, juega. Le gusta la pasta y el cereal de cuadritos. Tiene 2 años y 8 meses, y al mirarlo me doy cuenta que estoy en el camino correcto: el de ser mamá. Si Sebastián y Rodrigo van a ser tan adorables como Pedro en un año y medio, estoy aún más convencida de que tener a mis gemelos es lo mejor que me ha pasado en esta vida. Lo escucho hablar, esas frases largas sin sujeto o sin verbo, pero clarísimas al mismo tiempo, y me maravillo que todos podamos entenderlo, porque su intento de comunicación no necesita ni de gramática ni de sintaxis: sólo una boquita de ángel y un cerebro de niño despierto y listo pueden ser tan claros. Sebastián lo mira todo el tiempo, lo sigue con sus ojitos de capulín, levanta las manitas cada vez que Pedro hace algo divertido, y creo que ni pestañea ni respira mi niño, mientras lo tengo en brazos sentadito observando a ese chiquitín que brinca, danza y juega todo el día. Con lo inquieto que es Sebastián, debe estar pensando: yo ya quiero ser grande, ya quiero agarrar mis juguetes y hacerlos rodar, quiero correr por la casa y pasar por debajo del puente blanco y negro, quiero poder hacer todo eso porque se ve divertido y nunca me voy a cansar. ¡La que me espera con estos niños cuando estén de la edad de Pedro! Su papá ha pasado por la misma transformación que ha pasado David: de adulto serio, a papá en un instante y luego a niño cuando juega con su pequeño. Ana carga a mis hijos y yo lloro porque es mi amiga querida que viene desde México a darles cariño del bueno en sus brazos blancos y suaves, y les habla quedito, les acaricia las cabecitas en su hombro y les dice cosas dulces al oído. Mis niños se están muy a gusto con ella, no por nada saben distinguir a sus cómplices los ángeles entre la multitud de humanos que conocen.

Ayer que le acariciaba la cabeza a Rodrigo, tocó su mollerita y me comentó que ese orificio es la conexión de los bebés con lo divino. Me imaginé una luz suave y eterna, saliendo de la cabecita de mi pequeño hacia el cielo, hacia el infinito, un flujo de ida y vuelta que le trae paz en su dormir e inocencia en sus ojos. Por eso los niños sonríen desde el fondo de todas las alegrías humanas, desde esa presa líquida de ternura infinita y entrega total que debe existir en algún lugar secreto que sólo los bebés y las hadas saben dónde está. Y mi amiga Ana me cuenta que cuando tienes un hijo, cada vez es mejor, cada paso que adelantan, cada centímetro que crecen, "it just gets better", nos dice a David y a mí, que fascinados vemos a Pedro brincar del trampolín de la alberca, caer en un chapuzón ruidoso y salir victorioso a flote con sus pestañas cargadas de agua y con una sonrisa brillante buscando desesperado con sus ojazos a mamá o a papá para celebrar su hazaña, quienes lo miran con una sonrisa de orgullo mezclada con alegría, de esas con las que los grandes artistas miran a sus obras más preciadas. Y con ese sol reflejado en su carita de niño listo, lo mira Rodrigo desde su sillita al lado de la alberca, y quisiera pensar que aprende de ese niño inteligente y sin miedo que es Pedro.

Crecerán mis niños para ser altos como Pedro, tan diestros con sus manitas y con una lógica infantil incombatible, se echarán clavados en el agua y señalarán a la luna pintada como un brochazo de blanco en el cielo de la tarde, se emocionarán cuando vean un venadito por primera vez, comerán cereal de cuadritos y odiarán los chícharos, serán más grandecitos y dirán "calamarones" queriendo decir camarones, "paralaguas" para decir paraguas, "fatasma" en vez de fantasma y "juguetiglia" para juguetería. Cuando les queramos dar de desayunar y no quieran, se bajarán de la silla y camino a la puerta dirán muy decididos, y sin mirar atrás, "me voy".

¿Crecerán mis niños y yo estaré más enamorada de ellos? ¿será eso posible? ¿será posible quererlos aún más? ¿Estar aún más fascinada con ellos? No puedo creerlo, pero sé que es posible, porque miro a Ana y veo mi reflejo en un par de años, una madre plena de amor por su criatura, SU bebé, porque ella es SU mamá, en ese intrincado lazo madre-hijo en el cual yo me encuentro unida doblemente por Sebastián y Rodrigo. Una mamá dulce y dedicada, pero al mismo tiempo enojada con el mundo que viene desilusionando a su pequeño por su maldad, por la crueldad, por la gente sin alma que ronda por pasillos oscuros y cercanos a nuestras casas, como buitres que le arrebatan su inocencia a cachitos, sin importarles que con sus delitos y fechorías no sólo dañan a sus víctimas de robos y torturas, sino que también acaban con la incredulidad y la inocencia de nuestros niños. Pero esa es la vida, y el mundo viene con todo: lo bueno y lo malo, lo negro y lo blanco, lo dulce y lo agrio. Y qué más diera yo por poder enseñarles a mis niños sólo el lado amable de la vida; no quiero comenzar a tener que explicarles que hay gente mala, que hay gente con el corazón desaparecido que puede hacer profundo daño sin chistar.

Esa parte de ser mamá no quisiera ni comenzarla, así es que espero seguir disfrutando desaforadamente este idilio de amor bebés-mamá en el que me encuentro inmersa hace ya seis meses y cinco días. Pero ahora que veo a Pedro, el miedo que tenía de que mis hijos crecieran demasiado rápido se me está quitando: sé que es irremediable y también sé que ellos se van a divertir cada vez más, les espera un mundo entero, dispuesto a ser descubierto por esas mentes ágiles y limpias, dispuesto a ser tocado y trastocado por esas manitas inquietas y gorditas, listo para ser recorrido por esos piececitos inquietos y aventureros que tienen estos hijos míos. Ya no tengo miedo a que crezcan, pues creo que yo quiero crecer con ellos también.

Ana Laura

14

Está aquí en casa mi amiga Ana Laura. Esta vez no llevamos mochilas al hombro por el sur de España, ni andamos durmiendo en trenes que trajinan por países socialistas, intentando desesperadas entendernos con los agentes de las fronteras que nos hablaban en idiomas totalmente indescifrables. Esta vez no andamos en las escaleras de la Universidad de Guanajuato brindando con tequila (ella blanco, yo almendrado). Ella con guitarra en mano, yo en brazos de un estudiante. Ni andamos en clases de psicopatología ni en casa de Luchi tomando cafecito con galletas de nuez. Esta vez no estamos enamoradas a rabiar de algún extranjero, ni nos hemos sentado en la alguna plaza enorme y bella a meditar juntas. Hugo no está con nosotras, no lo tenemos como compañero de viaje, no nos hace reír con sus tonteras, ni nos cuida como hermano celoso. No amanecemos en el mismo cuarto, ni estamos juntas todo el día. No nos hemos encontrado a ningún africano que viva en Varsovia y nos saque de apuros, ni estamos en alguna conferencia sobre psicología transpersonal. No tenemos el día entero para platicar, no hemos visto juntas ningún lugar nuevo, no hemos descubierto que los 15 de agosto las embajadas cierran en Austria, ni hemos bailado en completa armonía con perfectos extraños. Sólo hemos tomado una copa de vino juntas, y eso rodeadas de los hombres que ahora dicen que somos suyas, y en presencia de nuestros retoños que son ahora todo nuestro ser, nuestro entusiasmo, nuestra luz. Ahora somos mamás, más mamás que esposas, y estamos, yo, con un niño en cada brazo, ella con uno en brazos y otro a punto de salirse de su panza. Tenemos más de 35 años, seguimos adorándonos y a pesar de no haberla visto hace más de dos años, cuando llegó este martes parecía que no nos habíamos dejado de ver nunca.

Esta vez el enamoramiento lo traemos a flor de piel por estos niños nuestros que vinieron a sustituir las parrandas, el tequila, las aventuras, las noches de trasnochar o simplemente de platicar hasta el amanecer, nuestros sentimientos, de desflorar nuestras almas una frente a la otra, ofreciéndolas como leña al fuego de nuestra amistad. Esta vez no andamos cargando emociones fuertes ni sueños imposibles. Esta vez andamos cargando niños, bebés y casi recién nacidos. Andamos llenando mamilas y nuestra preocupación es si nuestros nenes comen bien o no, si ya hicieron caca o no, si duermen sus horas o no. Andamos de puntitas si están dormidos.

¿Dónde quedaron esas escandalosas temerarias, que se comían el mundo a bocanadas y sin masticar a veces, o lo saboreaban deliciosa y pausadamente sin pedirle permiso a nadie? Se transformaron en mamás. Primero pasamos por la transformación a pareja permanente, pero ahora que lo miro con detenimiento, creo que eso fue un paso intermedio entre ser una mujer libre y ser una mamá enamorada y atada voluntariamente a mis niños. Y a pesar del significativo cambio de entorno y de lo que puebla nuestros deseos ahora, somos las mismas. En el fondo, nuestra esencia sigue intocable, y por eso seguimos siendo amigas, eternas hermanas, de esas que escoges para ser tus compañeras toda la vida, cerca o lejos, con pasaportes o pañales en mano, somos las mismas dos cuatas de siempre. Esta vez tenemos menos tiempo para platicar y estar juntas, y es que otras prioridades nos rodean: el marido, los niños, la casa. Pero en vez de ser estorbos en nuestra comunicación, son precisamente todas esas cosas las que nos unen aún más. Ella tomaba tequila blanco, yo almendrado. Ahora tenemos dos hijos varones, ella de diferente edad, yo de la misma. De alguna forma, la vida nos sigue haciendo coincidir, y por eso, doy gracias infinitas, porque una amistad así es un regalo de la vida que hay que agradecer con humildad y sosiego, prometiendo cuidarlo por siempre. O por lo menos hasta cuando nuestros hijos se casen y podamos estar yo en la boda de Pedro y Jano, ella en la de Sebastián y Rodrigo". Y ahí sí, que nos saquen los tequilas, porque volveremos a recordar aquellos años cuando la vida era una canción de Serrat y un manojo de estrellas en nuestras manos, dispuestas a soltarse para iluminar nuestro camino, el cual hemos caminado agarradas de la mano. Y cuando lleguen los nietos, los consentiremos de más, y recordaremos estos años cuando estuvimos embobadas con nuestros nenes, esos que ahora nos hacen reír y sentir orgullosas, con el ego hasta el cielo, con un celo de madre osa que está dispuesta a brincar encima de quien sea para proteger a su pequeño cachorro. Ay Ana Laura, amiga mía, que el futuro nos mantenga tan cerca espiritualmente como ahora, aunque físicamente no nos reunamos tan seguido como quisiéramos... Algún día les enseñaremos a los niños a silbar canciones de Mexicanto, y les contaremos la noche cuando los conocimos, sentadas en un empedrado a media calle, ellos arrebatándonos el alma con su "ten miedo de mí", nosotras bajo la luna temblando de esa alegría joven de vivir sin ataduras pero fieles a nuestras creencias. Les contaremos de las visas y las vírgenes, de Ronda y de Bratislava, del amor a carcajadas y de los adioses empapados en lágrimas. Y ellos nos escucharán, y aprenderán lo que queremos decir cuando decimos "Ana Laura/ Sofía es mi amiga de siempre", porque ese "siempre" lo venimos cincelando desde hace.... ¿cuántos años? Cuando estudiábamos en la calle de Puebla, y cantábamos con Jorge Lay hasta el amanecer. Cuando había fiesta cada sábado, y cuando las clases eran un espacio en común donde gestamos esta alegría que ahora nos llena cada vez que nos encontramos de nuevo, embarazadas, post-embarazadas, lactando o enseñando a comer a la mesa, estamos de nuevo juntas. Gracias. Gracias a la vida.

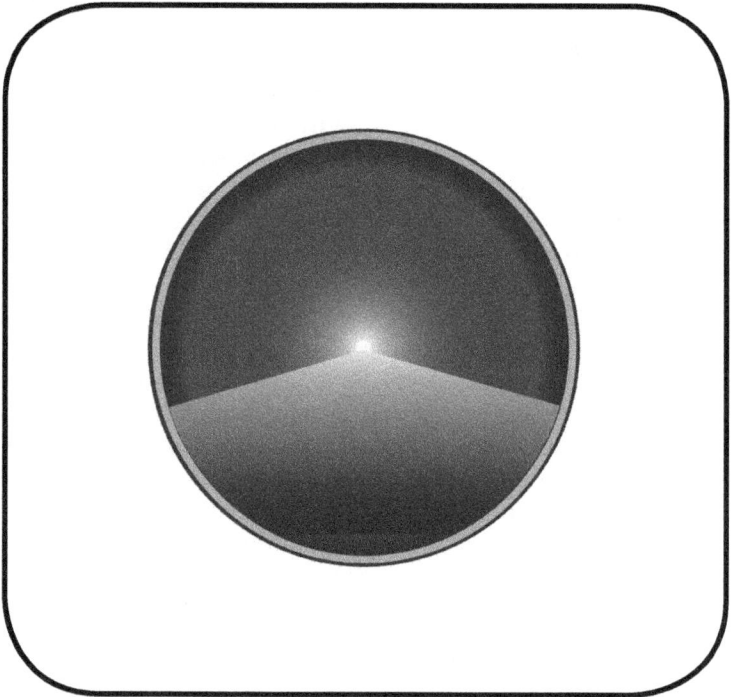

Gracias Marta

15

Amiga, gracias por venir a visitarnos. Gracias por tu alegría, por tus sonrisas con la que regaste a mis hijos. Me quedo con unos lagrimones gordos y pesados ensopándome los ojos, porque quiero llorar de que te vas, y al mismo tiempo quiero llorar porque viniste y estuviste conmigo, me recordaste lo bien que es estar cerca de ti, porque así me siento a gusto, contenta, como tranquila de ser yo misma sin dar explicaciones. Y así es cuando tienes amigas como tú; de alguna manera algo de mí tiene eco en ti y viceversa y nos entendemos sin palabras a veces, con la pura mirada nos decimos algo y ya está, quedan todos alienados: los hombres casi siempre, aunque creo que Sebastián y Rodrigo nos entendían a veces. Gracias por traerte un cacho de esa Argentina que tanto quiero, Marta, no sabes cómo la extraño, y contigo aquí se me olvidó esa añoranza un poquito. Gracias por el dulce de leche, los vinos, los zarapes de los bebés, las pantuflas, todo lo que me trajiste, gracias amiga, no necesitabas hacer tanto, con sólo venir tú era más que suficiente.

Mis niños se quedan con una capa de esmalte de buen humor argentino, que les brilla en las sonrisas y los ojos. Cuando Sebastián gatee en manos y rodillas diré: eso se lo enseñó Luciano. Y cuando Rodrigo lo alcance, diré: las lecciones de los porteños funcionaron. No sabes cómo te quiero, y lo que te voy a extrañar. No se vale estar tan lejos, en nuestros casos, hasta en hemisferios diferentes. Es casi una crueldad de la vida. Y sin embargo, nuestra amistad sobrevive. Sobrevive distancias, diferencias de horario, separaciones forzadas. Eso me da orgullo, porque tú tienes entereza por lo que te parece importante, y yo me siento totalmente vanagloriada por tenerte aquí de visita, desde el otro lado del mundo, desde ese punto distante donde habitas tú y tu familia, y mis demás amigos, y de ellos me traes un cachito con tu plática, con tus chistes, con esas palabras raras que siempre me divierten. No te vayas, Marta, quédate un mes más, quédate para siempre, no me dejes aquí solita, ajena a tu vida llena de gente interesante, de cultura, de comida deliciosa. No te lleves esta alegría que me vino a invadir estos días que estuviste aquí, amiga, consintiéndome a estos dos bebés que se la pasaron gloriosamente en tus brazos, en tu regazo, que aprendieron que los ojos azules son mortalmente bellos y fascinantes.

Mis niños te van a extrañar, pero yo más, porque yo ya te llevo aquí dentro desde hace mucho. Gracias amiga, por traer a tu marido, ese hombre fuerte e inteligente que sabe de todo y cocina como los dioses. Gracias por visitarme, amiga, prometo (¿amenazo?) con retribuirte con una visita similar, cuando podamos, porque de querer, quisiera ir ya a la Argentina, a comer asado y jugar cartas toda una tarde, mientras Juli nos trae una tarta de dulce de leche y Santiago se sienta junto a mí y me hace reír. Ya nos volveremos a ver amiga, pero lo de esta visita no tengo como agradecértelo, porque viniste cuando yo estoy tan lejos y tan inmovilizada por el momento. Viniste a iluminarme este otoño que presagia un invierno solitario y helado, pero hoy yo estoy bronceada por tu calor de amiga, bruja, hermana. Gracias, Marta. Gracias por siempre.

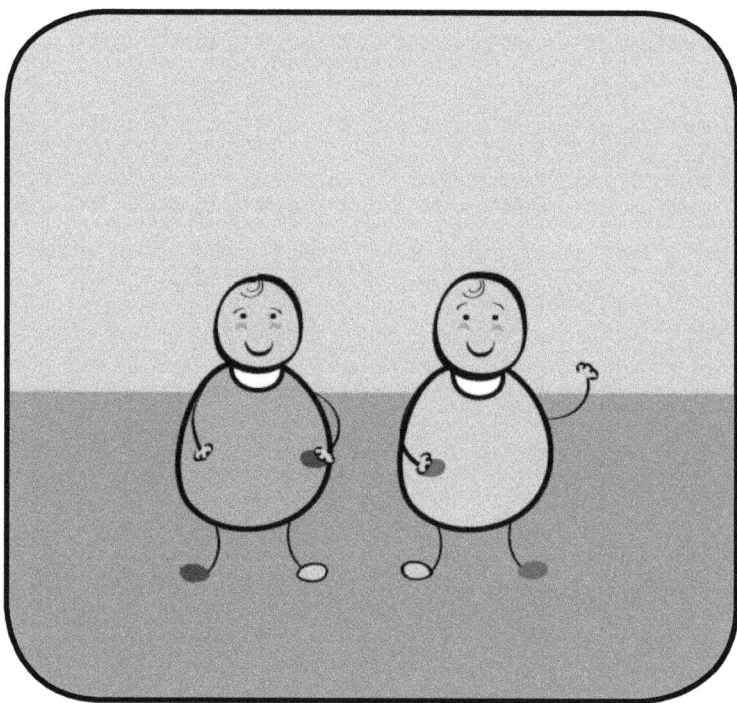

Lo que mis niños no saben

16

Mis niños no saben dónde tienen las manos. Las mueven pero no saben que son suyas, y cuando agarran una sonaja, miran a otro lado buscando la fuente del sonido. Luego se las miran por largos ratos, atentos, como si fueran extrañas o como si apenas les hubieran salido de las muñecas. Tampoco saben que una sonrisa es eso, una sonrisa, pero sonríen igual y se reflejan en nuestras caras, que también ríen con ellos. Y así nos imitamos infinitamente, como cuando pones un espejo frente al otro.

Mis hijos no saben pedir lo que necesitan. La única forma que tienen de quejarse es llorar, y entonces entramos al juego de las adivinanzas porque hay que atinarle a ver qué quieren: arrullo, mamila, dormir, cambio de pañal, cambio de paisaje, que los carguemos, que los paseemos, que los pongamos a jugar... ay ay ay, tantas cosas, pero ellos insisten en quejarse hasta que consiguen su objetivo, porque no serán muy claros en sus comunicaciones, pero eso sí, son muy tenaces.

Mis hijos no saben esperar. No saben que para traer la mamila del refrigerador hay que pararse, ir, sacarla, regresar y volver a cargarlos para dáserla. En cambio, creen que en el momento que piden la mamila o el pecho, en el preciso instante que su hambre se hace imposible de aguantar, la leche aparecerá ipso facto. Dice Clemen que nos tendríamos que comprar unos patines. Y yo tendría que andar con la chichi de fuera todo el día. Tampoco saben que el cereal se come para adentro, no para afuera.

Mis hijos no saben que los calcetines se usan en pares; ellos insisten en usar sólo uno a la vez, y si por equivocación andan con los dos puestos, hacen todos sus esfuerzos por sacarse por lo menos uno. Algo que no comprenden es que si no nos ven, no quiere decir que nos fuimos para siempre; nos llaman con sus quejiditos o a gritos y cuando aparecemos de nuevo en su campo visual, sonríen de alivio como diciendo: "ay, qué bueno, pensé que me habías abandonado".

Estos niños míos no saben que un trueno del cielo es algo que sucede afuera y lejos; ellos piensan que sucede dentro de la casa y a veces hasta dentro de ellos, y se asustan mucho, como si el estruendo les agitara todo su cuerpecito violentamente; abren tamaños ojotes como si quisieran sacarse al trueno por los ojos.

Mis hijos no saben lo feliz que me hacen. No tienen la más remota idea de la dicha que han traído a mi vida con haber nacido, y este tipo de felicidad no la conocería si no fuera por ellos. No se dan cuenta que con esa cascada de sonrisas con las que se despiertan, se me desborda el corazón con una alegría nueva y radiante. Como ellos.

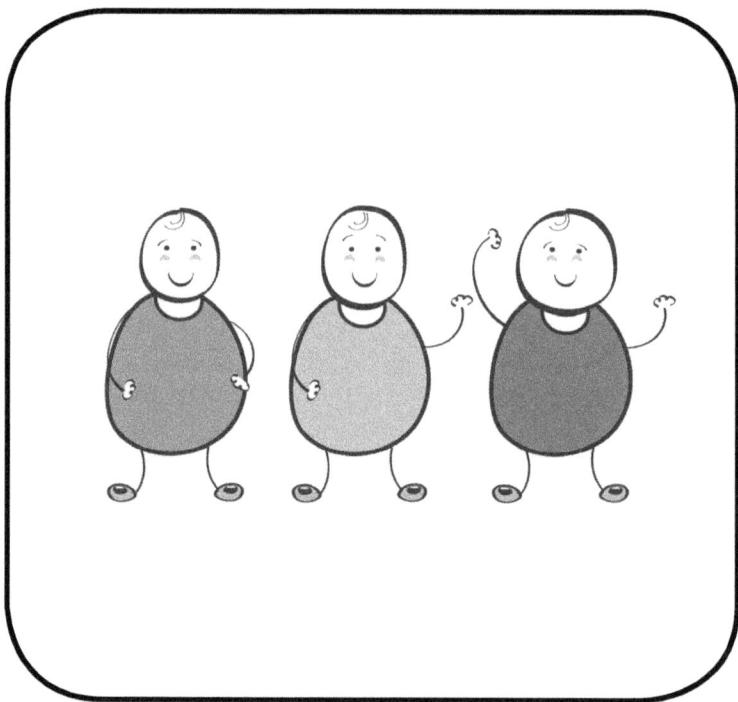

Sonrisas

17

Hoy en la mañana algo fascinante sucedió: Como los niños se despiertan demasiado temprano, nos los traemos a la cama para que me platiquen sus sueños en balbuceos, en lo que David se baña y se prepara para ir al trabajo. Y se mueren de la risa y nos cantan y nos alegran el día desde el comienzo. Pero hoy noté que Rodrigo estaba calladito... estaba observando a su hermano detenidamente. Sebastián le estaba dando clases de balbuceos con trompetillas, mezclado con bombitas de saliva. Rodrigo lo miraba y lo miraba, mientras Sebastián seguía contándole algo interesantísimo, cuando de pronto, Rodrigo se sonrió con Sebastián... ¡y Sebastián le contestó la sonrisa ! Es la primera vez que se sonríen mutuamente, con contacto visual completo y definitivamente atentos el uno al otro. Ay hijos, qué maravilla tener un hermano de la misma edad. Ustedes no sabrán de soledad nunca. Serán íntimos amigos siempre, se seguirán acompañando por siempre. Hoy fui testigo de uno de sus primeros intercambios de comunicación, precaria y a balbuceos, pero extremadamente importante y bella.

Que siempre se acompañen, que siempre se den la mano, que nunca nada los separe como hermanos y amigos.

Espejos

18

Hoy fuimos al almuerzo en honor de las nuevas mamás de gemelos. Había como 20 pares de gemelos, o quizás más, de edades desde 10 semanas hasta 7 años. ¡Qué lío de caritas idénticas y vestiditos y shorts del mismo color! Ese jardín parecía plagado de espejos, pero espejos móviles, que corrían de un lado para el otro, persiguiéndose, mojándose en la alberquita, rodándose en el pasto como si no hubiera mañana ni ayer, ni anteayer ni dentro de un año, sino sólo hoy. Todos niñas y niños acompañados permanentemente por un hermano o hermana que siempre está ahí, que siempre comparte la vida, los juguetes, las aventuras, las miradas de asombro, las comidas y hasta el cariño de los papás. Habían unos gemelitos de 2 meses y medio, chiquititos, frágiles, dulces como un algodón de feria. Habían unas gemelitas de amarillo, cachetes de manzana, ojos de canicas azules, pelo rizado que flotaba con ellas mientras corrían una tras la otra, iluminadas por un sol esplendoroso, el del astro rey y el de su cariño mutuo. Habían mamás que a fuerza de criar dos al mismo tiempo, saben hacer todo al mismo tiempo: platican, soban una herida, comen, deciden, buscan con la mirada al otro gemelo, todo al mismo tiempo.

Por aquí una mamá tuvo de repente varios brazos con los que le ayudamos a cargar y alimentarlos, y ella se vio liberada por unos momentos de esa tarea inacabable que es tener a un bebé o al otro en brazos los primero meses, alimentándolos, cambiándolos, eructándolos o simplemente abrazándolos para protegerlos lo más posible del futuro que no es siempre radiante como este día. Por allá vi a otra mamá de unas gemelas de 8 meses, las dos vestidas de rosa y blanco, gorditas, hermosas, que comían al mismo tiempo, lloraban al mismo tiempo, dormían al mismo tiempo. Me pregunto si sentirán lo mismo al mismo tiempo. Unas mamás teníamos quién nos ayudara, otras valientes no, y ellas son mis heroínas, porque si yo no puedo con dos pequeños de 5 meses y eso que cuento con la ayuda de la tía Clementina, ¿cómo pueden algunas mamás sin ayuda, y a veces con otros niños más grandes o más pequeños?

En este almuerzo conocí a varias de ellas, y me quito el sombrero y me inclino ante la enorme capacidad de ser un humano multi-tareas sin descanso, respiro o queja. Y al ver ese jardín lleno de gemelos, como un manto verde adornado de niños idénticos (o de perdida parecidísimos) me dí cuenta que ser mamá de gemelos es un privilegio, porque pocas mamás tienen la suerte de ser amadas por dos al mismo tiempo, de ser miradas por dos caritas iguales, de criar a dos seres al mismo tiempo sin perderles el paso, sin perder la cordura, ganándole siempre tiempo al tiempo. Que el destino nos bendiga a todas, que dentro de 20 años si alguno va a terapia no sea porque los amamos demasiado o porque los comparamos demasiado con sus gemelitos. Que dentro de 20 años ellos se re-encuentren por casualidad y enredando pláticas se den cuenta que sus mamás los llevaban a esos almuerzos del Club de Mamás de Gemelos, y que quizás entonces, jugaron juntos en un hermoso jardín, en un acalorado día de junio...

La luna y mis hijos

Hoy hay una luna llena que se está paseando plácidamente por el cielo, sin una sola nube que le interrumpa su celestial marcha. Hace rato Rodrigo pidió su mamila. Fui a dársela y me dí cuenta que la luna tocaba a la ventana queriéndose infiltrar por las persianas. Yo ya le tenía la mamila en la boca, pero me dí la maña de alcanzar los cables y pude abrir las persianas de par en par, sin interrumpir su cena, y entonces la luna se volcó como agua de mar en su cuarto. Llenó cada rinconcito, y más cuando apagué la lámpara, entonces sí nos quedamos los tres: mi niño, la Luna y yo. Rodrigo se tomó su mamila tibia mientras se bañaba en leche de luz lunar. Cuando terminó, decidí presentarle a la Luna, la cual nunca había visto. Me lo puse de frente al ventanal y al principio miró a su alrededor, como que le llamaba la atención que todo tenía un matiz fosforescente, que todo en su cuarto era de otro color, iluminado extrañamente por algo allá afuera, cuando ¡zas! que voltea a ver arriba allá afuera… sus ojos se encontraron con su majestad La Luna y se quedó petrificado. Abrió tamaños ojotes, mientras en mis brazos sentí cómo nada en su cuerpo se movía, sólo el latir de su corazoncito, y en sus pupilas vi reflejada una esferita blanca y brillante, que lo hizo dejar de pestañear y abrir su boquita un poquito más en su asombro ante tanta fuerza y belleza, todo concentrado en un astro que es enorme, pero que en sus ojos era tan sólo dos puntitos. Y vi reflejada a la Luna en los ojos de mi niño, y la volví a descubrir. La volví a ver como algo nuevo, alta, ensordecedoramente fantástica, esa rueda plateada que como reina nos mira desde arriba a nosotros sus súbditos, supeditados a su magnetismo, a su ciclo mensual, a su paciencia y energía hipnotizadora. Mi niño no podía dejarla de mirar, se quedó pasmado, por un momento creí que quizás intentaría agarrarla, de tan grande y bella que está, como muchas veces hace con algo que ve a lo lejos y quiere llegar a él pero esta vez no hizo nada, sólo se quedó mirándola, mirándola, apantallado, embrutecido de tanta claridad allá arriba en el cielo.

Quizás entre seres perfectos, como lo son el espíritu de la Luna y los bebés, se entienden en su propio idioma y en sus propias señas. Igual y la Luna le estaba contando algo a mi niño que yo no pude comprender. Espero que le haya estado dando la bienvenida a su imperio, a esta tierra que ella rige soberana, y ojala se haya apiadado de mi niño, que tanto la va a buscar en noches de insomnio cuando se enamore, en noches de pasión cuando se entregue, en noches de desesperación cuando esté lejos de la bien amada, en noches de tristeza cuando la vida le de un revés inoportuno. Espero que tú, Señora Luna, lo cuides, lo aconsejes para que escuche a su corazón y tenga tu solidez y seguridad. Tuve la impresión, al verle toda su carita blanca nieve casi azul por la luz que le daba de frente, que las manos de la luna lo estaban acariciando, y en realidad era yo, que le pasé mis dedos por sus mejillas, rozagantes y dulces, y luego lo bañé de besos como el postre de su cena: luna llena y labios amorosos, ay hijo, qué ambas cosas te sobren durante toda tu vida.

Llego mi papá

20

Llegó mi papá. Y con él, el abuelito en persona para mis niños. Los carga, los avienta al aire, los hace morir a carcajadas. Los muerde quedito en la panza, los hace nudo, los mata a cosquillas, les dice cosas chistosas. Los pasea en las cangureras y no cabe por las puertas cuando los lleva en la carriola, de lo orgulloso que anda. Los cotorrea y les dice que no hagan su "chow". Les dice "mi cuate" y los besa sin ningún disimulo, a todas horas. Les da el cereal y no le huye más que a cambiarles el pañal. A Sebastián le dice que se parece a él y a Rodrigo que se parece a mí. Y mis niños saben bien que él es su abuelito, porque la sangre llama, como dicen por ahí. Los llama desde adentro, desde la mirada de mi papi que me engendró a mí y ahora yo a ellos. En mi edípico lapsus, en la calle lo presento como mi esposo en vez de como mi papá. Lo veo tratar de calmarlos cuando están llorando y lo escucho usar las mismas frases que usaba conmigo cuando era niña. Su forma tosca de tratarlos es su manera de expresar ese cariño infinito que le fluye por cada poro al ver a estos gemelos, que le vinieron a alegrar la vida, y a quienes en estas dos semanas tiene la fortuna de poder tocar, besar, disfrutar. Que se nos hagan muy largos los días que nos quedan con él aquí en la casa, y que este señor de 70 años que corre 2 kilómetros al día y luego nada sin chistar y en perfecta condición física, no se nos vaya tan pronto de regreso a mi tierra querida.

Bautizo

21

Thank you for coming to celebrate the baptism of Sebastián and Rodrigo. In this celebration, they are given a name, and they are welcome to our community. Both very important for two little babies. Five months ago they were born, healthy and strong, and here they are today, with their 16 and 18 pounds each, every single gram of joy and interest for the world they are just discovering. And you are all part of that world.

I would like all of you to join us in our wishes for our kids today:

Sebastián and Rodrigo,

May your smiles be with you all your life. Even in the face of sadness and disappointment, may you keep a good sense of humor. May your interest in discovering your world never end, always searching for new ways, new horizons that amaze you. May you marvel on Nature and may you learn to respect her. We wish you strength of will and compassion, never look back if you have to say good-bye, and welcome all the warmth and love others have to give you. Be thankful for what you have: health in your mind and body, caring people around you and bread on your table. Do grow up to respect and honor your ancestors, they came from far away countries like Poland, México, France, Spain and England. You are a condensed version of dozens of generations of people with very different backgrounds, and they are now merged in you, and may their good attributes show in your characters to help you be happy and content with life. When you fail or make mistakes, always remember that is a part of learning, and be proud of who you are, because if you are honest and kind, good things will always come in your way, rest assured of that. May the joy you are bringing to us every day be returned to you exponentially.

You have been together since your conception. So far, you have shared everything: womb, love, attention, clothes, time. Continue this sharing and be good friends all your life, partners and accomplices in the good and the bad. May you make the best of being twins and may you also be strong at facing the challenge of being labeled as one, since you are also individuals that like to be treated as such. Always care and look out for each other, forever.

Today, all these friends and family are here to wish you the best in life. May you grow to thank them for that. Welcome, Sebastián and Rodrigo, to our world and to our lives.

Nota: los niños fueron bautizados en Nueva York.

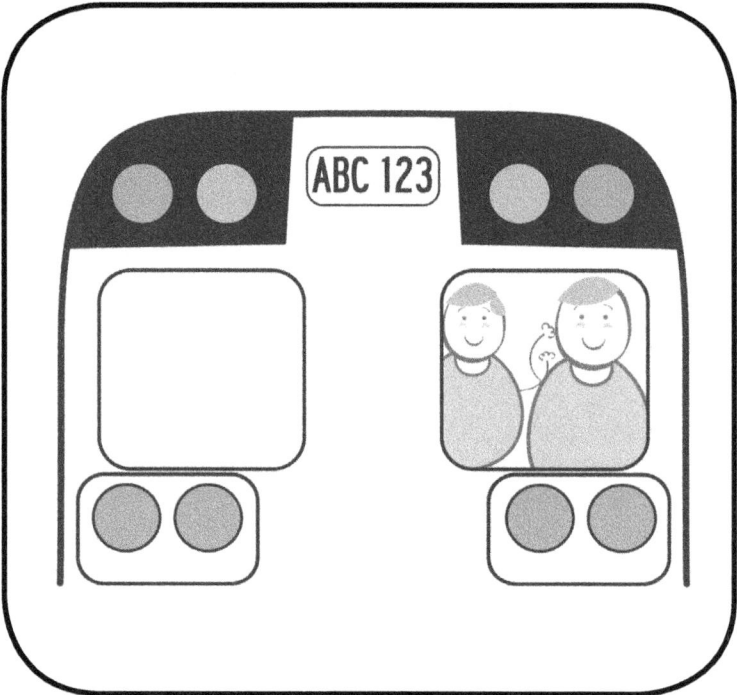

Capítulo **22**

Niños, ¿cómo será el mundo cuando ustedes crezcan? Me llena de curiosidad saberlo; quisiera tener un telescopio mágico en el cual me pudiera asomar a lo que ustedes vivirán cuando crezcan. Me da risa pensar que lo que ahora es lo último en tecnología, para ustedes será cosa del pasado, algo que se ve sólo en los museos.

Me imagino que las computadoras entonces serán todas con lectura de voz; los teclados serán obsoletos. Podrán ver a cuanta persona les llame por teléfono y viceversa. En internet, podrán encontrar exactamente lo que ustedes quieran y será cuestión de dos patadas. Los supermercados vendrán a ti, ya no irás tú a los supermercados. Los teléfonos no tendrán más auriculares, todos serán pegados a la oreja, con un minúsculo clip a la oreja que al mismo tiempo será receptor de voz y datos. Las cámaras de video serán un minúsculo ojo artificial que te podrás poner en la ceja y controlar con la voz o con un control remoto. La televisión tendrá cientos de miles de canales y muchos interactivos, a alguien ya se le habrá ocurrido diseñar un sólo aparato que combine la tele, el internet, la computadora y el teléfono, y para ver programas con mucha violencia, se tendrá que pagar un impuesto especial. Los coches serán eléctricos y sabrán a dónde ir si es un viaje rutinario, y se podrá leer el periódico o un buen libro en lo que se llega al destino, pues el coche se irá solito sin necesidad de ser manejado.

Una compañía fundada por un millonario estrafalario, se dedicará a publicar la realidad sobre todas las empresas, para que el público de verdad tome conciencia de a quién está enriqueciendo con sus compras; y así si van a comprar gasolina a Exxon/

Mobile, les recordará de la tragedia ecológica, digo laS tragediaS ecológicaS que ha provocado esa compañía; o cuantas hectáreas de bosque son mutiladas para darle de comer a las vacas de las hamburguesas de McDonald's; o si para importar el algodón de tal o cual prenda de vestir se utilizó mano de obra de niños. Eso motivará a la gente a ser más selectiva en sus compras.

La escuela será totalmente interactiva y todos los salones utilizarán la tecnología, e inclusive podrán tomar algunas clases desde casa. Las materias como civismo y ecología serán obligatorias.

Los papás tendrán la obligación legal de llevar a sus hijos al doctor periódicamente, y eso lo pagará el gobierno. Si un niño vive en un ambiente no apto para su desarrollo óptimo, habrá una cadena de parejas voluntarias a cuidarlos temporalmente, mientras la situación en su casa se estabiliza.

Habrá habido ya una revolución dietética en pro de los alimentos naturales, y como se comprobará que tanto químico desconocido para el cuerpo es dañino, la comida será 80% natural y 20% artificial, cuando mucho. Eso ayudará a los campesinos y a su producción agrícola. Habrá comunidades ecológicas que se dedicarán a promover la vida al natural, y construirán villas de madera, tomarán agua de río y vivirán sólo de frutas, verduras y semillas. Esas serán las vacaciones preferidas de todos, porque serán desintoxicantes y sin ninguna onda de radiación cercana al cuerpo. La genética habrá dado pasos agigantados, pero con la suerte de que también será fuertemente controlada, sólo se podrá influir la procreación natural si se descubren altas probabilidades de que el bebé vaya a nacer con un mal genético. No se permitirán clones de ningún tipo en el ser humano. Los embarazos múltiples serán cada vez más comunes, y habrá mamás de tiempo completo orgullosas de serlo, sin tener que cargar con el estigma de "la mantenida"... y lo mismo para el hombre, quien estará cada vez más involucrado en la casa, los niños, la escuela. Eso será en parte porque el rol de la mujer será cada vez más equitativo con el del hombre, sobre todo en países donde eso ahora es un sueño. Ya cuando ustedes sean grandes, seguro habrá varias mujeres presidentes; muchos premios Nóbel de física y química serán dados a las mujeres. Los certámenes de belleza serán prohibidos, y las adolescentes buscarán desarrollar su cerebro, sin obsesionarse frente a revistas llenas de modelos anoréxicas de belleza maquillada y artificial. Habrá muchas mujeres a la cabeza de empresas multinacionales importantes, tendrán oficinas en los edificios más importantes, pero en vez de escritorios cuadrados y sillas de cuero negro, tendrán salas de estar, sillones cómodos, flores frescas en todos lados. A las ejecutivas se les permitirá viajar con sus niños y un familiar en sus viajes de negocio, dos veces al año. Igual a los ejecutivos, claro. Las vacaciones serán obligatorias. El pago del salario mínimo será igual independientemente del país donde estés, asegurando de alguna forma la manutención básica: alimento, casa, medicinas, escuela.

El arte que estará en boga será el infantil: habrán niños en todos los países que pintarán libremente, y los adultos aprenderemos de ellos. Todos los bancos del mundo aportarán un porcentaje de sus ganancias a una organización dedicada exclusivamente al bienestar de los niños. Las dictaduras serán conocidas sólo en libros de historia, y en el medio oriente las mujeres podrán salir a la calle sin cubrirse la cara. Para consumir drogas legalmente, se tendrá que pasar un examen y estar siempre acompañado por un experto en psicología, drogas y violencia.

Las fronteras de los países serán cada vez menos importantes, el comercio será mundial y las visas de trabajo se basarán en la necesidad del mercado del país al cual se está inmigrando. Para que se declaren la guerra dos países, todos los países del mundo tendrán que votar, y sólo sucederá si hay una mayoría de ¾ de los votos a favor. Las armas nucleares estarán ya destruidas, porque hubo un accidente fatal en el cual morirán muchos inocentes, y los países bélicos idiotizados por el poder de las armas, meterán la cola entre las patas y dejarán que otros más sensatos normalicen el sistema bélico. Es gracias a eso que las multimillonarias inversiones en armamentos y entrenamiento de soldados se destinarán a otros fines: alimentación, reforestación, investigación médica para controlar epidemias fatales.

Desafortunadamente no todo será miel con melcocha: seguirán habiendo injusticias, mortandad infantil y sangre derramada en pos de una supuesta paz. Seguramente los fanáticos religiosos y las plagas de todo tipo seguirán invadiendo la posibilidad de una vida sin agresión. Pero espero que haya revoluciones pacíficas, que se pongan de moda las protestas en silencio, a la Gandhi, y así desistan los pocos regimenes de dictadura que aún existan. Y que las armas un día se las compre todas un grupo de multi-billonarios, y las fundan todas, haciendo un parque inmenso de estatuas para conmemorar la paz.

Tiempo

23

Antes el tiempo lo medía casi siempre referente al trabajo. Cuánto duraba una teleconferencia, si los gerentes colegas eran de Japón o Viena y si sus horarios podían coincidir con la hora de Nueva York. Me fijaba si eran las 10 aquí, entonces eran las 12 en Brasil y las 11 en Argentina. El tiempo que importaba era el de espera para abordar el avión a Lima o el de la conexión para Toronto. El tiempo lo calculaba en proyectos, si esta instalación tomaría más meses/hombre que los previstos, si el mes de noviembre era mejor para anunciar un nuevo programa o si necesitábamos pedir ayuda para cumplir con las fechas acordadas. Contaba los minutos que se tardaban en llegarme archivos por la red, mientras al teléfono estaba con la persona que me los estaba enviando. Ahora es muy diferente. Los tiempos ahora los mido en las longitudes de las siestas de los niños: 45 minutos como mínimo, dos horas una siesta magnífica.

Cuando eran más chiquitos, medía yo los minutos que se me pegaban al pecho: 15 minutos era ideal, y casi siempre se prendían eso y más. Me fijaba a qué hora terminaba el primero en comer, para medirle las 2 ó 3 horas que se tardaría en pedirme, y así calculaba si me daba tiempo de bañarme después de darle de comer al segundo. Tuve que comprar un reloj de buró nuevo, porque el que tenía antes sólo se podía ver con la luz, y pues ahora la mitad de las veces tengo que mirar al reloj de madrugada, cuando Sebastián se despierta llorando porque le duelen los dientes, o Rodrigo pide la tercera mamila a las 4 de la mañana. Cuento los minutos cuando estoy lejos de ellos, cuando ando comprándoles algo y ellos me esperan en casa, y ya quiero llegar para entrar de puntitas si están dormidos o para abrazarlos y besarlos si están despiertos. Me fijo mucho cuánto me tardo en el gimnasio, porque 45 minutos es un montón de minutos si estás sola con dos bebés de meses, como es el caso cuando dejo sola a Clemen con ellos.

El tiempo ahora es una ecuación entre cuánto pesan y en qué mes están, si están comiendo mucho en poco tiempo, como es el caso de Sebastián, o mucho en mucho tiempo, como Rodrigo. Calculo el tiempo en que se podrán poner tal o cual ropita que cuelga ansiosa en su closet, esperando ser usada por estos niños inquietos y sonrientes. Miro la luna y me acuerdo que no me ha fallado una sola luna llena desde que nacieron, porque en todas he estado despierta para verla a altas horas de la noche, admirarla y hasta enseñársela a mis niños. Antes David medía el tiempo que nos tomaba andar 30 millas en bici; ahora mide cuánto se tarda en ir a tirar la basura, cargar gasolina y cortar el pasto, para acabar a tiempo para darles de cenar a las 5:30. Siento que el tiempo se me ha empequeñecido en periodos, porque un día no es ya sólo un día. Un día son 3 siestas, un desayuno de avena y plátano, una cena de zanahorias, chícharos y camote, ocho botellas de leche y dos de té o juguito de manzana. Un día son cuatro baberos completamente ensopados con lo que mis hijos escupen o regresan o no les gusta. Un día son tres sesiones de carcajadas como mínimo con cada uno, unos cuatro berrinches de Sebastián y dos de Rodrigo. Un día es por lo menos un paseo en la camioneta para dormir a alguno que se rehúsa a dejar de jugar para descansar y a veces también es un abrazo o una pelea con David. En un día estos niños hacen por lo menos 3 ó 4 cosas nuevas, ya sean sonidos, o agarrar algo de forma diferente, o aprender algo nuevo, como hoy que se me ocurrió ponerles el pianito en los pies mientras brincaban en su columpio, y parecían bailarinas mis niños, tocando el piano paraditos sobre él, divertidos hasta el tope.

El tiempo ya no lo mido en días, ni siquiera en semanas, sino en horas, en lapsos entre siestas, pasado mañana es mucho tiempo para esperar, sobre todo si alguno está estreñido o si no durmió bien y todos tenemos que recuperarnos de una mala noche. A veces se me va rápido, a veces se me va lento el tiempo. Lo único que quisiera es que el tiempo se detuviera algunas veces, cuando Rodrigo está soltando sus grititos de alegría, que ahora combina con brinquitos. Cuando Sebastián se carcajea si le haces cosquillas en las costillas. Cuando Rodrigo me acaricia con el pie mientras se toma la mamila, y se enreda su dedito en su cabeza arriba de su orejita. Cuando Sebastián se le queda viendo a un juguete y está concentrado y quieto tramando cómo llegar a él o cómo hacerlo sonar. Esos momentos son eternos, en el sentido de que ningún reloj los puede medir, pertenecen a un rango de existencia más allá de lo puramente humano, porque todo lo humano, tarde o temprano, perece. Pero esas sonrisas, esos ojitos brillando, esos hoyitos en los cachetes de Rodrigo y la sonrisa plena de Sebastián, esas no se las llevan el minutero del reloj. Esas están acá, en un espacio de nuestro corazón que no sabe de horas ni minutos, de la eternidad que sólo un bebé de seis meses te puede hacer vivir.

Treinta y seis

24

Hoy cumplo treinta y seis años. Hace varios años que dejé de saber exactamente cuántos tengo o cuántos cumplo; como que desde los treinta y dos ya no me importó. Los años dejaron de ser importantes porque todas las razones por las que antes los contaba (obtener la maestría, viajar, ser gerente, casarme, tener una casa, tener hijos) ya se habían cumplido o comenzaban a cumplirse poco a poco. Ahora tengo cosas, poseo cosas: coche, casa, muebles. Cosas importantes pero intrascendentes. Tengo dos niños, un esposo, una familia muy extensa y muy lejos, un futuro medio incierto en lo laboral, pero muy seguro en lo familiar, amigos por todo el mundo a los que adoro. Esas sí son cosas trascendentes.

Nunca había estado tan gorda, ni mi cuerpo tan echado al traste, pues todavía tengo las estrías, la espalda chueca, la cadera sin sincronía, mi condición aeróbica está fatal, mis piernas sin tono muscular. Llevo más de un año sin dormir más de dos o tres horas seguidas. Me levanto y me acuesto con dos bebés de siete meses, uno dulce y caramelo, el otro huracán y dinamita. Uno pausado y coqueto, el otro inquieto y desesperado.

Rodrigo juega y descubre el mundo con delicadeza, como que le tiene respeto, le fascina y lo saborea cada momento, mandándome besos de vez en cuando, cantando lo que su corazón le quiere contar a su ángel de la guarda en las tardes. Sebastián hoy aprendió a sentarse solito, David lo dejó de pancita y cuando volteó el niño ya estaba sentado, tocando su pianito y mirándole como diciendo "¿viste? ya lo hice solito, y estoy tan feliz que hasta te voy a tocar el piano". David acaba de poner las rejas entre el espacio de los niños y la cocina, porque Sebastián ya llega a rincones insospechados. Está fascinado este hijo mío, descubriendo nuevos horizontes, desde una perspectiva totalmente diferente, quiere rastrear el piso de la sala, toca la tela del sofá por abajo, jala los juguetitos de la andadera desde abajo, mira la mesa de centro desde la alfombra, desde abajo, desde donde nunca la había mirado. Rodrigo está aprendiendo a dormir seguido en las noches, y despierta orgulloso de sí mismo, debe sentir que su padre y yo se lo agradecemos infinitamente. A donde vamos nos paran siempre varias veces para decirnos que qué lindos están los niños, qué cachetes, qué sonrisas, qué preciosuras. Y yo, siete lustros después de haber provocado las mismas reacciones en la gente, comprendo finalmente el orgullo de mi mamá cuando me contaba que era yo tan linda que la paraban en la calle. Y yo lo que quiero ahora es mostrar estos niños al mundo entero, ponerlos en aparador, que les vean de lo divinos que están, de lo iluminado que se pone todo cuando sonríen, de sus pasos que a mí parecen agigantados, creciendo, avanzando, conquistando este mundo lleno de juguetes, leche, brazos, besos y más besos. Uy, ¡y lo que me falta!

Ser mamá es un trabajo obsesivo: la mamila, el pañal, la siesta, la mamila, el pañal, la siesta, la cena, la caminada, la mamila, el pañal, la dormida, la mamila, el desayuno, el pañal. Y así por lo siglos de los siglos. Y entre tanta rutina, soy una mujer entretenida, que poco le importa la salud de su matrimonio, si la camioneta tiene gasolina o no, si Clemen tiene tiempo para cocinar, si le llamé al quiropráctico o dejé de ir al dentista: a mí lo único que me importa son mis hijos. Quisiera comprarles ropa a diario (que poco me falta), darles juguetes nuevos (que ya le voy a parar porque no caben), besarlos todo el día, a todas horas, en todo espacio, en cada centímetro de sus perfectos cuerpecitos. De nada me acuerdo, ni de cuando era yo importante y diligente en el trabajo, ni cuando era yo desmadrosa en la universidad, ni de las parrandas en la plaza Garibaldi celebrando el amor o el desamor, 'asegún', ni cuando me creía yo una intelectual y caminaba por la plaza de La Conchita y tomaba café en la librería Gandhi.

De esa Sofía sólo quedan rastros: hablo con mis grandes cuates del trabajo, leo febril y religiosamente, aunque ahora libros sobre desarrollo infantil, comida infantil, patrones de sueño infantiles, todo lo infantil que se pueda uno imaginar, lo leo yo. Y sin embargo, noto que entre más los niños crecen, yo regreso a ser, de a poquito, la Sofía de antes. Ya comienzo a ir al gimnasio, ya estoy viendo lo de la vuelta al trabajo, escucho más mi música, duermo un poquito más, me comienzo a fijar otra vez en David, que por cierto hoy me regaló una tarjeta hermosa que firma: *Happy Birthday, Baby,* te quiero mucho mucho mucho (ésto último en español), David. Y yo lloré cuando me dio la tarjeta porque lo vi tan sincero en sus sentimientos, que me llenó de ternura y luego estaba cargando a Sebastián que miraba entusiasmado a su hermano y Rodrigo me sonreía desde su cuna, y con tanto amor en esa recámara, ¿cómo no voy a ser la más feliz? Luego vino Clemen, y esos niños me seguían sonriendo, como si supieran que era mi cumpleaños, y me fui a cortar el pelo, me puse guapa (tan guapa como la figura y la ropa que me queda lo permite), y me llevé a los niños a la sesión de juegos, donde vamos cada lunes con su papi, que canta y se sabe (gracias al cielo) todas esas canciones de niños en inglés que yo no me sé, la *Itsy bitsy spider, If you are happy and you know it clap your hands, Patty pat patty pat baker's man, Ring around the rosie a pocket full of posies...*

Y luego me fui con Clemen y los niños a comprarme algo, y el sweater que me gustó no me quedó, pero igual me lo compré porque me ha de quedar, y luego David llegó con mi pastel de zanahoria, les dimos de comer a los niños, los llevamos a caminar, Sebastián en la backpack, que se quedó dormidito ipso facto con su gorrita de mezclilla que le cubría los ojitos, Rodrigo en la carreola, cante y cante iba mi hijito.

Mi papi me dijo en la mañana por teléfono que todos los años que tengo son razones de alegría, porque tengo todo: techo, familia, comida en la mesa, unos niños que son más bien querubines, gente que me quiere. Y tiene razón. A pesar de la horrenda distancia que me evita estar con mis amigos y mi familia tanto como yo quisiera, soy una suertudota de primera. Y ajúa. Que mi buena estrella no se me desvíe, y le seguiremos echando ganas a la vida, y cada día le temo menos a la muerte, porque ya dí vida, ya la creé, ya no soy sólo yo, sino que existo en estos dos pedacitos de carne que me están creciendo demasiado rápido, ya me puedo morir, pero sobreviviré en ellos. Y ellos en sus hijos. Y así por siempre. Hoy tengo treinta y seis años.

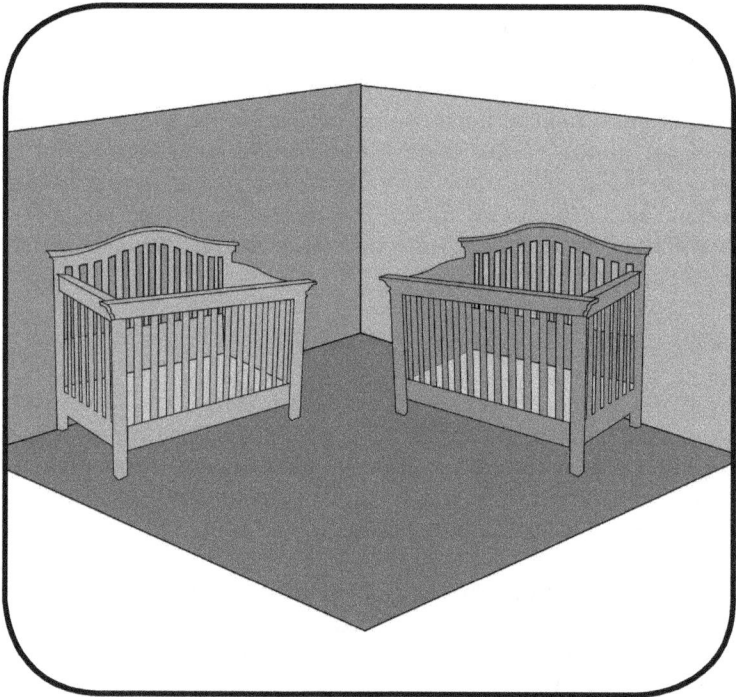

Bebés de ocho meses

25

Los bebés son unas bolitas de carne suave y millones de sueños condensados. Tienen la panza redondita, como si se hubieran comido un melón entero, de esos dulces y jugosos, como sus labios que brillan porque chupan todo. Sus brazos son elásticos, cuando menos piensas que van a alcanzar algo, de alguna manera se acomodan y se estiran y se estiran, hasta que lo alcanzan.

Todos los luceros del amanecer se concentran en sus ojos, que brillan abiertos y atentos, como si el simple pestañear les molestara porque les evita ver todo, observan los colores, la ventana por donde entra el sol, los árboles allá afuera que están cambiando de color por el otoño, lo que traigo en la mano, la forma como se mueve el muñequito que trae su hermano. Son subrepticios, y cuando menos te lo esperas, ya están de espías bajo la mesa, investigando si el cable del teléfono tiene buen sabor. Si les das un juguete hermoso y caro, se voltean y agarran la pelotita azul que venía de regalo en la caja de cereal porque es más divertida. En ese sentido son muy simples, las reglas de nosotros los adultos no las entienden, las ignoran y ni quieren enterarse de ellas.

Los bebés son un costalito de ganas de recorrer la alfombra, pero especialmente el piso de la cocina, y todo miran desde abajo muy atentos, midiendo dónde será su próxima parada, como un trenecito de cuerda que se tiene que detener para recalcular sus esfuerzos. Estoy casi segura que piensan que su pancita es un trapeador, porque insisten en limpiar el piso con ella.

Cuando tienen sueño, hambre, el pañal sucio o se aburren, se transforman en seres maléficos, gritones, enojados, monstruitos refunfuñantes que exigen la satisfacción inmediata de sus deseos, no importa si tú te estás bañando, si estás al teléfono, con el otro niño en brazos o con una amiga platicando. Ellos no quieren saber nada de eso, pues como son sus majestades en la casa, no permiten que sus vasallos se distraigan en otra cosa que no sea servirles. Los bebés son gente necia, porque basta decirles que no pueden hacer algo, o cerrarles el paso a las macetas para que insistan una y otra vez, ignorando toda distracción que les puedas ofrecer. Sus pompitas fueron la inspiración de los duraznos o viceversa. Tienen reglas básicas que no permiten se rompan: no les gusta que les limpien la cara, la mamila es la razón de su existencia, las sonrisas se desperdigan con desparpajo y coquetería y a los extraños hay que mirarlos un rato antes de irse con ellos, porque pueden ser gente mala. La cuna es un lugar al que se va sólo cuando se está exhausto, la vecina tiene los mejores rulos para jalárselos y los lentes de papá son fáciles de quitar si lo agarras distraído.

No hay tiempo para los bebés, no hay días ni semanas, sólo una continuidad de juegos, siestas, baños, comidas. Y a quien se le haya ocurrido diseñar los pañales de bebé de ocho meses para cambiarse mientras ellos están boca arriba, le falló totalmente porque para ellos estar boca abajo es sumamente más interesante. Pueden hacer muchas cosas al mismo tiempo: toser y sonreírte; estornudar tres veces y seguir tocando el pianito; comer y hacer popó. Los bebés son seres con fuerzas inconcebibles, que brincan en su columpio como si en uno de esos saltos fueran a llegar hasta el techo... o las estrellas. A veces buscan tus brazos sin razón aparente, los buscan desesperadamente, y cuando llegas a cargarlos, se agarran a ti como si fueras un salvavidas en un naufragio, un helicóptero en pleno terremoto de 10 grados, un oasis en un desierto. Y cuando están en tus brazos, ponen caras de rey porque ése es su trono y ya te habías tardado en sentarlos en él. Crecen como si fueran enredaderas en verano tropical, mini-enredaderas que se te van envolviendo en los brazos, en la cintura, en los pies cuando vienen curiosos a ver si las agujetas de tus tenis son un buen candidato de postre.

Son inteligentes, unos genios que todo lo aprenden y lo aprehenden, que leen miradas, tonos de voz, actitudes silenciosas, te observan calladitos y ya está: te tienen tomada la medida de aquí pa'l real. Requieren constante atención, te comunican lo que sienten con todo su cuerpo, y entre ellos se hablan en un idioma totalmente ajeno al entendimiento adulto. No existe mejor juguete en el mundo que con el que está jugando su gemelo. Duermen como reyes sólo y cuando lo desean, y a veces, en su opinión, las cinco de la mañana es el momento ideal para jugar, y si no quieres venir a compartir tanta alegría madrugadora con ellos, se indignan y a gritos te piden recapacitar tu decisión de dejarlos en la cuna e irte a dormir.

Los bebés llevan a cuestas la responsabilidad enorme de recordarnos a los adultos que hay ilusiones que no se deben perder, que una sonrisa bien puesta es la mejor arma ante la confusión y que la vida es para gozarse, simplemente para gozarse... siempre.

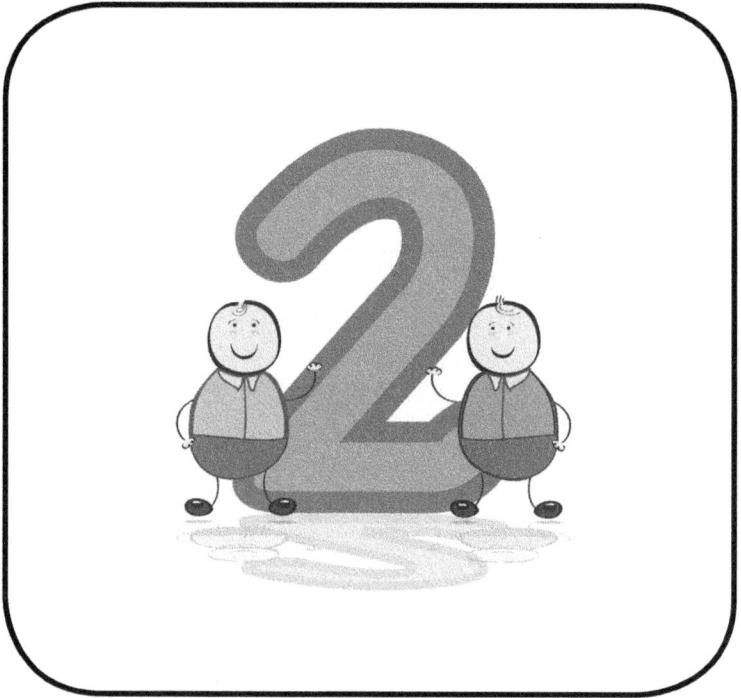

Abrir puertas

26

Hay puertas por todos lados. Nuestra vida es un camino ancho, iluminado, con puertas de todo tipo. Las que tomamos nos determinan como seres humanos. Hay puertas que nunca debimos haber abierto. A veces nos equivocamos y entramos en puertas que al abrirse no tienen piso y nos caemos en un abismo de depresión y desesperación. A veces las puertas que abrimos son las atinadas, y detrás hay amigos, cariño, compañía, sol, espacio para correr libres. Otras veces son cárceles, otras son toda una pantalla para algo totalmente fabricado, de utilería, falso. Pero la mayoría de las veces, si la intuición no nos falla, las puertas que abrimos nos llevan a lugares mejores. Dentro encontramos cosas nuevas, juegos interesantes, libros fascinantes, aventuras deliciosas, personas que nos ayudan sin tener ninguna obligación. Una puerta medio abierta es una tentación irresistible...

Ayer Sebastián abrió las puertas del anaquel debajo de la televisión por primera vez. Primero llegó al mueble, se sentó solito y jaló, tocó, miró, estudió detenidamente el asunto, hasta que logró abrirla, primero poquito, con una sonrisota tamaño caguama. Luego pudo abrirla toda y entonces sí la cara de fascinación le iluminó todo al ver el mundo de cosas que había adentro. Tuvimos que distraerlo. Acto seguido, su hermano se arrastró hasta la misma puerta y jaló y jaló hasta que también logró abrirla, y volteó a ver a su hermano, cómplice y compadre en su sonrisa de travieso. Que las puertas que abran de ahora en adelante le ayuden a crecer y a descubrir con esa misma alegría que demostraron hoy.

¿Alguien sabe?

27

¿Alguien sabe cómo cambiarle el pañal a un bebé de nueve meses que insiste en sentarse o pararse mientras lo cambias? ¿Alguien sabe cómo hacerle ver que dormir una siesta no es perderse de toda la diversión del mundo? ¿Que el juguete que le estoy ofreciendo es tan divertido como el otro que tiene su gemelo en la mano en este preciso instante? ¿Que la tina no se hizo para vivir perennemente en ella, sino sólo para bañarse y chapotear un ratito? ¿Alguien ha encontrado la fórmula mágica para duplicarse?

Children available
no questions asked,
please take them.

Tener gemelos

28

Tener gemelos es escuchar en eco la canción de cuna de Brahms que suena en los móviles de las cunas cuando los acostamos para sus siestas o en la noche. Es preparar y calentar mamilas dobles, porque cuando uno ve una mamila, el otro la quiere. Es traer dos asientos infantiles en el coche, estar en el "ssshhhssshhh" constante cuando su gemelo está todavía durmiendo la siesta. Es levantarte en la noche por uno, y se despierta el otro. Es tener dos sillitas de comer, dos cunas, dos pares de zapatos idénticos, dobles sonrisas de mañana, dos cuentas del pediatra, es hacer citas con el doble de tiempo en el consultorio y con el fotógrafo. Tener gemelos es siempre estar con uno en brazos y cuidando al otro, darte la maña para poder estar solita con uno y disfrutarlo un ratito como si tan sólo tuvieras un hijo. Es ir al súper con un bebé a la vez y siempre que te lo chulean, comentar que es gemelo. Tener gemelos es preguntarse cómo carambas le harán las que tienen trillizos.

Tener gemelos es fascinarte de sus diferencias, asombrarte de qué parecidos son, preguntarte cómo demonios hacen para esconder la pelotita en rincones inusitados de la casa, y encontrarla porque el hermanito tiene diez minutos llamándola porque la puede ver desde donde está sentadito. Es ser el centro de atención, la excepción, el "*oh my goodness, how do you do it?*". Tener gemelos es nunca estar sola, cada papá tiene un bebé para lloverlo a besos y sólo entre tres, incluyendo a Clemen, podemos tener la energía que estos pequeños requieren. Tener gemelos es tener dos monitores encendidos en la cocina mientras ellos duermen la siesta y yo escribo, fijarme quién se despertó mirando a los dos monitores a la vez, como en partido de tenis. Es darles de comer mientras ellos se miran desde sus sillitas como dos enamorados que tienen diez años sin verse, hasta estiran sus manitas para alcanzarse como en los callejones de Guanajuato. Es sentirte culpable porque cuando estás con uno, no puedes estar con el otro, pero es también aprender que ellos entienden (la mayor parte de la veces) y sólo vienen a tus pies cuando estás cargando al otro para decirte con su cuerpo que ellos también te quieren igual que su hermanito.

Tener gemelos es tener a dos bebés tranquilitos, que se convierten en enemigos feroces si se pelean por una revista o un globo o un algo de lo cual sólo hay un único ejemplar. Es también enseñarles todo el tiempo a compartir y ceder. Tener gemelos es confundirlos en la madrugada cuando lloran y entrar al cuarto equivocado, y ya se te despertó el que estaba dormido, y el que estaba llorando sigue llorando y ahora más porque ya te tardaste. Tener gemelos no es tener los problemas y la alegrías tan sólo al doble, sino que se duplican exponencialmente, lo bueno y lo malo. Y cuando duermes, duermes sin tregua porque estás cansada por dos, y cuando juegas con ellos juegas hasta terminar exhausta porque son dos, y cuando lloras de alegría por verlos hacer algo por primera vez, el corazón se te estalla casi por dentro porque no está hecho para albergar la felicidad de dos corazones. Y así todo se expande en tu vida, nada se contrae, excepto tus horas de sueño, las horas te alcanzan para más, la lavadora lava y lava todo el día cuando toca, las mamilas que lava Clemen son un eterno ir y venir entre la boquita de los bebés, el fregadero, la escurrida, la llenada, la boquita de los bebés y así todo el día.

Tener gemelos son dos piquetes de vacunas en vez de uno, es escucharlos llorar desconsoladamente a los dos al unísono, es querer evitarles todo dolor, y rendirte porque es imposible. Tener gemelos de nueve meses es querer tener bebés otra vez, y otra y otra, porque si todos son tan lindos como éstos, no habría porqué no tener más (¡si todo fuera tan fácil!).

Feliz cumpleaños abuelita

29

Abuelita, hoy es su cumpleaños. Cumple casi un siglo, ¿qué tal? 98 años me parece. Y ¿qué cree Abuelita? sus bisnietos Sebastián y Rodrigo ya cumplen un año en dos semanas. Ay Abue, ¿cómo ve que tuve gemelitos? Así como le cuento, no tuve uno, no señor, tuve dos bebés, y están Abue, uf, para comérselos. No sabe lo divinos que están, lo activos, madre mía, parece que traen cuerda y no se les acaba. Eso sí, cuando se les acaba hay que dormirlos en su siesta rapidito porque si no se ponen roñositos. Ay Abue, lo que diera yo porque me los pudiera cargar, adorar, disfrutar en sus brazos que siempre me cargaron con tanto amor. Lo que diera yo por que Usted pudiera acariciar sus cachetitos redonditos, suavecitos, uy su piel, Abue, es de una tersura imposible de explicar, literalmente como los pétalos de las rosas que Usted regaba en el jardín de la casa de mis papás, ¿se acuerda? aquel rosal rojo, hermoso, casi junto a la puerta, pues ¿cómo ve que todavía está ahí? No, si ese rosal todavía se acuerda de Usted, Abue, de todas las veces que lo regó con tanto amor, igual que a sus mastuerzos que se caían de flores y de alegría cada vez que la veían venir con su jarrita de agua para alimentarlos a diario. Ese olor a tierra mojada debió ser un alivio para Usted, Abue, nacida en tierra roja, bajo un sol sin prisa, con un río que acarreaba agua y pesares de la gente del pueblo. Lo que diera yo porque me cargara a mis hijos y les enseñara esas rosas desde sus brazos.

Abue, esos brazos suavecitos, blanditos ya cuando estaba viejita, divinos para correr hacia ellos cuando me daba miedo la canción de las brujitas que me ponía a tocar en el tocadiscos azul, ¿se acuerda? Yo estaba chiquita, iba al kinder, y Usted me recogía todos los días, se paraba allá lejos, arriba de las escaleras, donde yo la veía con su sombrilla (no le vaya a dar mucho sol a la niña), y Usted no se acercaba a recogerme porque le daba pena que las otras mamás llegaban emperifolladas y de tacón, con llaves de autos último modelo en la mano, y Usted iba de mascada y falda larga, una mujer fuerte, valerosa, pero intimidada por la riqueza.

Ay Abue, si le contara a Usted que ninguna de esas mujeres de joyas y spray en el pelo contaba con su historia, con esa vida que a fuerza de golpes la hizo sólida y audaz por fuera, decidida y tierna por dentro. Y me traía caminando a la casa en esos días de mucho sol, a veces yo me cansaba y Usted tenía la puntada de cargarme, a mí que he de haber estado re-pesada para entonces. Ay Abue, si viera a mi Rodrigo, no sabe lo pesado que está, lo macizo que está. Y todos dicen que yo volví a nacer en él porque es idéntico a mí cuando era chiquita, uy Abue, se le irían las horas nada más de verlo, su carita redonda, sus ojitos cafés, hermosos, su boquita lista para hacer ruiditos y llamarme con su grito de alegría que últimamente le ha dado por soltar acompañado de un brinquito. Y cuando quiere brazos, alza los suyos como si estuviera colgado de los codos, y alza su carita suplicando con sus gestos que por favor lo cargue, Abue, este niño vive para los brazos.

Me platica Clemen que Usted me cargaba mucho de chiquita, que yo era la luz de sus ojos, que me consentía y me mimaba mucho. Y cuando mi mami llegaba, le daba todo el reporte de cómo había pasado el día, que cuando mis hermanos jugaban conmigo Usted cuidaba que no fueran a lastimarme sin querer, que me daba tortilla con sal y me gustaban las paletas que me compraba en la farmacia, pero que yo siempre insistía en que Usted la chupara primero, y ya luego yo me la comía. Si viera Sebastián cómo come, Abue, a lo mejor le recordaría a mí. Este niño lo que le ponga enfrente le entra con mexicana alegría, pero le encanta meterse la mano a la boca para sentir con sus deditos lo que está comiendo, y como se pasa la mano por los ojos después, termina todo batido, no sabe Abue, es la lucha en todas las comidas tenerle la carita limpia. Y Usted les guisaría, ¿verdad Abue? unas tortitas de calabaza con queso fresco. Una sopita de letras. Una agüita de limón. ¡Unos sopes! Mmhhh... ¡Qué rico! La delicia que comerían mis hijos en sus manos, Abue. Y también les daría nalgaditas cariñosas, ¿verdad? de esas suavecitas que nos daba cuando estábamos distraídos. La verían coser en su máquina y aprenderían que la labor que se hace con las manos se hace con amor, se recibe con gratitud, y dura para siempre en los corazones. Todos los vestidos, piyamas, baberos y blusas que me cosió las traigo pintadas en la piel, porque con sus manos me cubría, Abue, me daba cariño con tijeras e hilo, al son de su pedal que no paraba de mañana y tarde.

¿A dónde irá a parar tanto amor que nos brindó? Yo se lo voy a decir: va a parar a mis hijos, porque a mí siempre me quisieron tanto que hasta ahora que parí me dí cuenta que es demasiado, y así se me desborda del alma y se los vuelco a mis hijos a borbotones, me los como a besos, los idolatro, los abrazo fuerte, les hago cosquillas, los adoro en todo en sentido de la palabra. Hasta ellos llega ese amor que me tuvo a mí, Abue, porque fue amor del bueno, de raíces eternas, que han procreado y seguirán procreando generaciones de niños bien cuidados, siempre limpios y muy amados, Abue. Gracias por cuidármelos tan bien, Usted, un ángel que ronda por la casa de vez en cuando sin chistar, sin hacer ruido, me los mira y los acaricia suavecito con sus alas. Por eso Rodrigo a veces voltea rápido a veces hacia atrás, como que sintió algo que lo rozaba. Y Sebastián a veces se despierta cuando no debe y se vuelve a quedar dormidito solito. Debe ser Usted que me lo mece para que agarre el sueño otra vez, Abue. Sígamelos cuidando, vea por ellos, aconséjeme cuando no sé qué hacer, porque ah qué difícil es ser mamá por primera vez, Abue, lejos de mi mami, mis hermanas, de toda mujer de mi sangre. No sé qué haría sin Clemen. Pero no se me pierda por ahí. Ya sé que está muy ocupada con tantos nietos y bisnietos a quienes cuidar, pero acá la esperamos como siempre: con una sonrisa y ganas de que nos dé nuestras nalgaditas de amor.

Lo que eras

30

Hijo, ¿qué eras antes de ser mi bebé? Un río intempestuoso que acarreaba mucha agua. Tu hermano, un lago espléndido, grande, hondo, pacífico. Tú un leopardo ágil y nunca quieto por mucho tiempo, tu hermano un rinoceronte apacible pero bravo si se le molesta. Tú un cielo cargado de nubes, que estalla de agua cayendo a torrentes, dando vida y renacimiento a su paso. Tu hermano la niebla en la madrugada, temerosa, borrosa, pesada, húmeda sobre la piel. Tú un jilguero, un ave cantora de plumaje colorido que saltarín paseabas de rama en rama, trinando, haciéndote ver, feliz de existir en tan libre existencia. Tu hermano un búho blanco, nocturno, sabio, de ojos audaces y penetrantes. Tú una lluvia de estrellas, tu hermano la luna majestuosa rondando por las noches sin nubes. Esas ganas de correr, de hacer, de tocar, me incitan a ser curiosa yo misma, a ver las cosas de diferente ángulo, a disfrutar el más pequeño detalle. Y tu hermano me recuerda que tratarse bien es una condición *sine qua non* somos felices. Ustedes tan diferentes, yo tan orgullosa de ustedes.

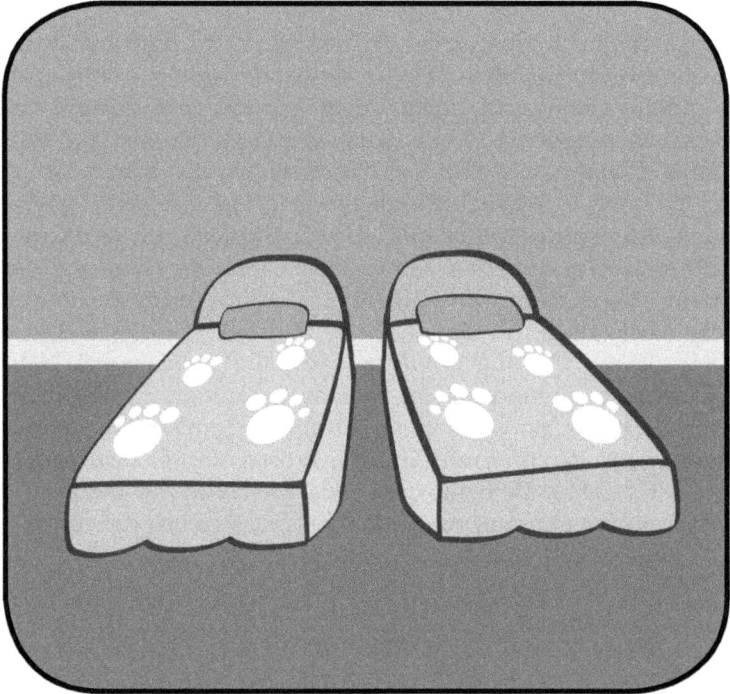

Si me entendieran

31

Hay varias cosas que yo quisiera que mis nenes entendieran:

- *Es mejor quedarse dormido a la hora de la siesta sin llorar. Se descansa más y se pierde menos tiempo.*
- *El yoghurt sacado de la boca con la mano es muy difícil de agarrar*
- *El baño no tiene ninguna puerta de salida a la calle. Si entro ahí, seguro que regreso por la misma puerta en dos minutos. No me voy a ninguna parte y no hay porqué llorar*
- *El hermanito es un ser viviente al que le duele todo igual que a tí. No es ni de plástico ni de tela, ni sus pies son mordedera*
- *Las cinco de la mañana no es hora de despertarse ni de jugar ni de pedir brazos*
- *Lo que se tira no se va a recoger solo ni volverá a nuestras manos automáticamente ni aunque le chillemos todo el día desde la cuna o la silla de comer*
- *Las rejas protectoras no son vallas para intentar tirarse o saltarse*
- *Querer bajarse de la cama con la cabeza por delante no es muy conveniente*
- *El horno de micro-ondas no es televisión ni espejo ni chupón*
- *Las sillas de la cocina no son carretillas para andar arrastrando por todo el piso*
- *No es bueno esperarse hasta que tengas un pañal limpio y nuevo para decidir hacer popó*
- *Llorar fuerte y agudo no facilita la tarea de nadie*
- *Ni las revistas ni el periódico ni mis aretes son comestibles*

Estamos haciendo historia

32

Hasta hace un año y cachito, David y yo estábamos viviendo nuestra historia. No sólo la historia que hemos vivido cada uno, sino una historia compartida, por eso digo "nuestra historia". Pero ahora eso cambió, porque ahora estamos haciendo la historia de los niños.

Sebastián y Rodrigo comenzaron su historia al ser dos células, cada uno, que se desprendieron de nuestras entrañas y se unieron en mi útero, para comenzar a formar el perfectísimo ser que ahora es cada uno de ellos. Desde que los concebimos, comenzamos a escribir su historia, a reflejar en el manto de la vida sus primeras impresiones, como seres físicos y como seres espirituales. Como seres físicos, esa célula se duplicó no sé cuántos millones de veces para armarlos completos y sanos. Espiritualmente, recibieron nuestro cariño desde entonces, y ahora que --finalmente-- salieron de mí, podemos hacerlo directamente, y los abrazamos, los besamos, los levantamos cuando lloran, les sonreímos, les susurramos palabras bonitas, nos reímos con ellos, saciamos todas sus necesidades. Esperamos mucho tiempo para hacerlo; no sólo los nueve meses del embarazo. Creo que tanto David como yo nos hemos dado cuenta que a estos pequeños los teníamos esperando mucho tiempo, y el tenerlos quizás fue una de las razones por las cuales nos enamoramos... algo dentro de nosotros nos dijo que tendríamos la suerte, el privilegio de tener bebés y que serían como lo son Sebastián y Rodrigo. Qué suerte la nuestra.

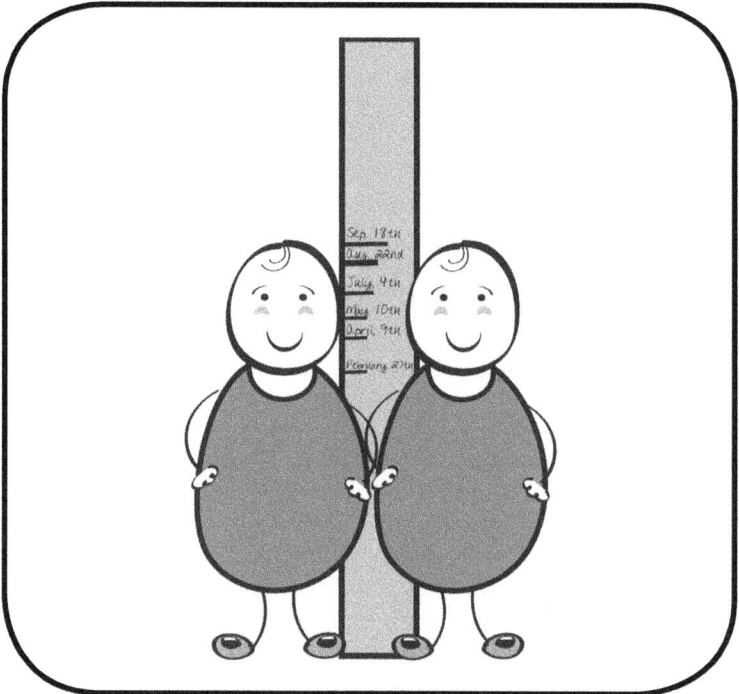

Pies acolchados

33

Ayer vinieron mis papás y mis hermanos a ayudarme. Como los niños ya se agarran de todos lados tratando de levantarse, el mueble de su área de juegos y la mesita de centro son focos de peligro porque ambos son de madera muy pesada y tienen picos por todos lados. Mi mami siempre anda por aquí, dándome consejos, ella cree que se regresó a México, pero su espíritu anda rondando la casa, susurrando cosas a nuestros oídos de vez en cuando. Entonces mi mamá me dijo: "Hija, ¿porqué no les haces unas cubiertas a esos muebles? ¿Cómo?, le pregunté, Ah, pues mira, compras hule-espuma, y lo cubres con tela y los pones alrededor de los muebles". Yo ya había investigado cuánto costaban los cubre-muebles especiales para bebés, pero cada yarda cuesta como 15 dólares. Ni loca pago eso. Pues ahí me fui, siguiendo el consejo de mi mami.

Llegué a la tienda de telas, donde tapizan muebles, y la señorita que me atendió no se destacaba precisamente por su destreza mental, así es que me esperé a que el dueño se desocupara y le comenté lo que estaba yo haciendo. Me dio varias opciones y mientras me decidía, vi cómo una señora llegaba a dejarle un cojín para que le cambiara el hule-espuma por dentro. Entonces mi hermano Carlos me dijo: "Sofi, ¡abusada! si este señor es tapicero, seguro tiene hule-espuma sobrante, mira, ve allá hasta atrás de la tienda, donde se ve que tiene su cuartito con su taller, y verás si no tiene pedazos de hule-espuma que hasta te puede regalar". Pues allá fui. Y en efecto, el señor tenía todo el piso de su taller lleno de pedazos de todos tamaños. Le comenté si me regalaba algunos, y salí con un montón de pedacería que me va a servir mucho.

Luego fui por la tela, y mi hermana Diana se enterneció con los dibujos de las telas para niños, y me aconsejó que mejor no les comprara telas llamativas, porque si lo hacía, los niños con más razón se iban a estar acercando a ellos, y se trataba de que estuvieran lejos de esos muebles, no cerca. "Ya ves cómo es Dieguito de inquieto, si ve estos colores brillantes en la tela, va a querer probarlos, tocarlos, jugar con ellos, y ya ves que Rodrigo lo sigue mucho, al rato van a agarrar tus cubre-muebles de juguete, hermana, mejor compra este azulito claro, con las florecitas blancas, así es menos atractivo para ellos". Tenía razón. La que me atendió en esta tienda tampoco era doña Lúcida, así es que también me esperé a que la otra señora con más experiencia (¿o cerebro?) me atendiera y ella me ayudó a calcular cuántas yardas necesitaba para el área que yo quería cubrir, porque yo sigo pensando en metros y centímetros, las yardas y las pulgadas me cuestan mucho trabajo. Pues me vine a la casa, y pensé que me tenía que esperar a que llegara David en la tarde, porque el cartón que iba a utilizar estaba arriba del garaje, en una tabla colgada del techo que sirve para almacenar cosas de muy poco uso. En eso Arturo me dice "¿Qué? ¿Te tienes que esperar? No, hermana, ándele, agárrese su banco, tráigase a Clementina y me canso ganso que alcanzamos esos cartones a como dé lugar, ¡pues faltaba más!". Y sí, me bajé el banco alto, Clemen me lo detuvo en lo que yo me trepaba y me estiraba y me estiraba hasta alcanzarlos, pero oh desilusión, había una caja arriba de todos los cartones que no me dejaba sacarlos. "Empuja la caja para el otro lado, m'hija, y así no tienes que cargarla pero la quitas de encima" me dijo mi papi desde abajo. Clemen me señaló un bastón de esquí que estaba ahí mismo, lo tomé y empujé y empujé la caja hasta que la quité de encima de los cartones, todo esto yo en un pie sobre el banco, y con Clemen afianzándomelo para que no se tambaleara y Carlos y Diana cuidándome por si me caía, ellos se encargarían de que yo no me lastimara. Yo estaba batallando para sacar los cartones, y en eso Rosa me dice "Hermana, ¿para qué quieres tanto cartón? yo creo que con dos son suficientes, Sofi, los muebles no están así tan grandotes, bájate sólo dos, y verás cómo te alcanzan". Le hice caso y dejé de sufrir tratando de bajar más de los que necesitaba.

Luego me bajé, cargamos todo a la cocina, y mandé a Julio a que me cuidara a los niños, porque estaban dormidos, y si alguno se movía porque yo lo estaba despertando con mi escándalo, que viniera rápido a avisarme para pararle. Como Julio tiene alas de ángel desde hace como veinte años, es una bala para estas cosas. Puse el cartón en la mesa, y comencé a trazar dónde debía cortar. Mi hermano Carlos me dijo que en vez de tijeras, usara el cortador, porque es mejor para esas cosas. Arturo me ayudó a medir bien la tela, me la estiró de un lado y me enseñó a cuadrarla bien con el patrón del hule-espuma. Cuando tuve que cortar metros de tela, mi abuelita me dijo "A ver, déjame ver una cosita..." y se me adelantó y le hizo un corte chiquito a la tela, y luego la separó con las manos, y así la tela se fue cortando solita, con sólo rasgarla. Mi mami monitoreaba el progreso. Como no pensaba hacer una obra de arte, comencé a pegar la tela con resistol, y mi mamá me lo deshizo varias veces porque estaba quedando chueco: "Mis nietos deben aprender que aunque se trate de pequeñas empresas, hay que ser bien hecha, mi hija".

Mi papi andaba por ahí fisgoneando y de pronto viene con una engrapadora en la mano y me dice "Mi hija, ¿y si en vez de pegar la tela por detrás del cartón, la engrapas?" Ah, pues sí, qué buena idea, todos estuvimos de acuerdo. Ya tenía todo casi listo, el cartón con el hule-espuma, la tela encima ya unida, cuando volteo la obra de arte, y oh, ¿qué es eso? la tela venía toda arrugada desde la tienda. Diana fue 'inmediatamismo' y sacó la plancha. Rosa fue a mover la mesa de centro que íbamos a cubrir, que está bien pesada, pero ella lo hizo. Arturo me recomendó cuál listón usar para amarrarlo por detrás. Mi abue se sentó junto a Clemen, la hija de su mejor amiga, y le enseñó cómo coser las esquinas para que se doblaran y cubrieran hasta arriba de la mesa. Yo no hallaba cómo hacerle para pasar los listones detrás del mueble grande, imposible de separarlo de la pared de lo pesado, pero lo pasamos amarrados de una varita larga. Los niños ya se habían despertado pero se quedaron jugando en la cuna, yo creo que mis papás y mis hermanos me los estaban entreteniendo. Yo cubrí los muebles con mi semi-obra de arte, y en la esquinita casi casi lo firmo: Familia Bonnet.

Los niños cuando vinieron a jugar se le quedaron viendo, luego me miraron, y pero por supuesto que se arrastraron hasta tocarlo... uy, qué suavecito, ¿qué color es este? ¿A qué sabrá? ¿Alcanzo a jalarlo? ¿Hace ruido? ¿Será que hay algo detrás? ¿Dónde quedó el mueble que estaba aquí? uy, se llevaron también la mesita de centro y nos dejaron una caja azul acolchonadita... a ver... uy qué padre, ya no me voy a pegar en esos picos de la mesa, me dolía mucho mi cabecita y mi frente cuando andaba yo queriéndome subir a ella... ahora ya no puedo ni alcanzar arriba, no importa, con que no me lastime ya es bueno... ¡gracias a todos!

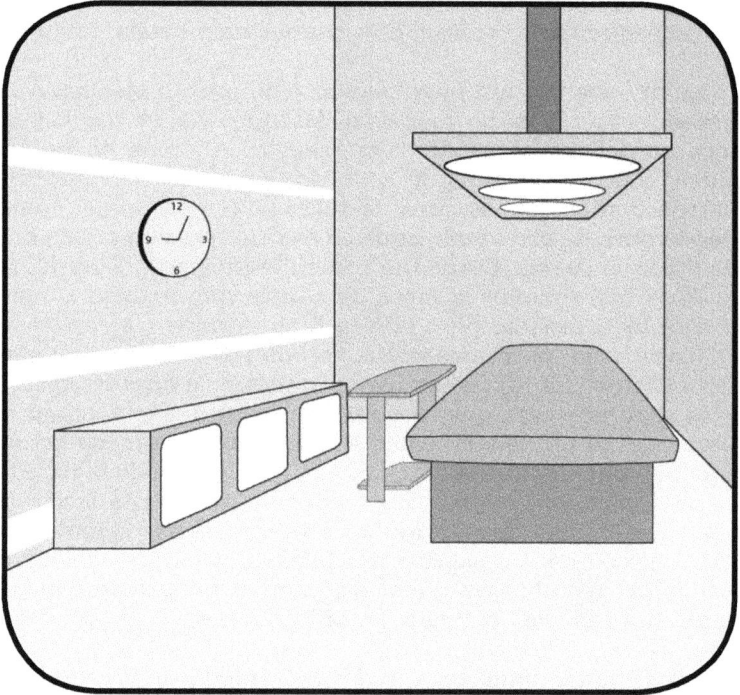

Nacimiento

Capítulo **34**

El relato de mi parto lo dejé empezado hace 4 meses, y ahora que tengo tiempo, lo retomo:

Hoy hace diez meses tuve a los niños. Era un día muy diferente a éste: hacía frío, estaba nublado. Yo fui a mi cita semanal al ginecólogo. David me llevó al consultorio, como siempre, nunca faltó a una sola cita, ahí siempre junto a mí, ayudándome a subir las escaleras, trayéndome agua, o haciendo la próxima cita porque yo ya no podía estar de pie. Hicimos todo lo que hacíamos cada viernes, porque como era embarazo de alto riesgo, todo esto pasaba cada semana: hacer el monitoreo de los corazoncitos de los bebés, yo media acostada, con mi panzonona de fuera, y mucho gel encima, dos monitores que iban escribiendo en un papelito sus pulsaciones y el ritmo. Ese aparatito ampliaba sus movimientos y podíamos escucharlos cuando se movían. Era un rollo localizar a los dos corazones, porque los bebés estaban en posiciones tales que encontrábamos uno, pero el otro no lo podíamos agarrar bien, y cuando ya teníamos al segundo, perdíamos el primero. Los "audífonos" que tenía en la panza me dolían, porque había que presionarlos de tal forma que agarraran la frecuencia, y David agarraba uno, mientras la enfermera agarraba el otro, y yo miraba el aparatito para asegurarme que eran dos corazones diferentes, porque luego agarrábamos la frecuencia del mismo corazón con los dos audífonos (¿o audio panzas?). Luego, ya que teníamos a los dos bien en frecuencia, tan tan, la enfermera se salía y nos dejaba ahí a David y mí, con los dos 'audiopanzas' medio incrustadas en mi piel, y el sonido a todo lo que daba de un corazón (el aparato ese sólo emitía los sonidos de un corazón, aunque registrara en papel los dos, señal de que este mundo está preparado para un bebé a la vez). Ese día yo ya no aguanté los 10 minutos que me dejaban y tuve que pararme porque estaba súper incómoda. Luego al ultrasonido. Trépate en otra silla reclinable, con ayuda de Walter (el encargado de los ultrasonidos en el consultorio) y de David, porque ya no me podía ni echar para atrás solita, recuéstate y déjate inspeccionar. Pobre Walter, tratando de tomar medidas de las cabezas, el estómago, el fémur de cada bebé. Y ese día estaban súper necios en no dejarse medir, qué bárbaros. Y es que yo creo que ya sentían la cosita esa que te pasan por la panza como algo agresivo. Todo bien, las medidas buenas, Walter ya tenía varias semanas diciéndonos que los niños podían nacer en cualquier momento y estarían bien.

Luego, esperar al doctor. Normalmente la cita era a las 9 de la mañana y salíamos antes del medio día. Como yo ya no podía subir las escaleras al consultorio, me ponían en una sala en la planta baja y el doctor bajaba a verme. Y finalmente llegó el doctor, un tipo simpático, alegre, parecidísimo a Bruce Willis. El doctor tomaba medidas de la panza, checaba el monitoreo de los corazones, las fotos del ultrasonido, y al final, me checaba la cerviz, para asegurarse que no estuviera yo demasiado dilatada. Pues yo ya estaba casi a punto de bajarme, despedirme, ir por mi sándwich y luego a mi masaje, cuando el doctor, con quien estábamos platicando de cualquier cosa mientras medía para checarme, se interrumpe a media frase, mira al techo y me dice "Oh oh, it is time to go! you are four centímeters dilated!" ¿¿¿Qué qué qué??? ¿Cómo? ¿Así nomás?? No, doctor, le dije, ¡pero si todavía no nos llegan las cunas! Nada, al hospital ahorita mismo.

Yo anonadada, David mudo. Se suponía que iban a nacer el 17 de febrero, apenas era el 4, a 35 semanas de gestarlos ¡ya se me iban a salir! ¡No podía ser! ¡No estábamos preparados! Y así desprevenidos nos fuimos al hospital, sin maleta, sin cámara, sin video, nada, totalmente alelados, no pudiendo creer que el momento había llegado. Yo super nerviosa, pero al mismo tiempo como no tenía contracciones, tranquila. Hasta bromeamos que esa manejada al hospital no se parecía en nada a lo típico del futuro papá pasándose los altos, yendo a altas velocidades, apuradísimo por llegar rechinando las llantas a Emergencias.

Nosotros no. Íbamos tranquilos, emocionados, yo agarrándole la mano a David, íbamos en la camioneta, y yo veía a todos los demás automovilistas tan tranquilos y pensaba que yo era la única parturienta en toda la Ruta 9, que nos llevó al hospital. Cuando llegamos, nos enteramos que habían estrenado la nueva ala de maternidad hacía dos días, y todavía estaban en mudanza y las cosas estaban medio confusas. Esperamos pacientemente a que alguien bajara por mí, porque no te dejan subir sola. Yo ahí, sentadita muy obediente con el David al lado.

Pasaron diez, veinte, treinta minutos y a mí me entró una contracción. Luego otra, leve, no fuerte, pero al fin y al cabo contracción. Hasta la de recepción se preocupó y volvió a llamar al ala de maternidad por quincuagésima vez para que vinieran por mí. Esperamos otro rato, nada, nadie vino. Pues que le digo a David: subimos nosotros, no voy a estar aquí a expensas de una serie de enfermeras que no pueden venir por mí. Y el David, como no le gusta romper las reglas, a regañadientes vino conmigo, empujándome la silla de ruedas (¿yo? ¿Caminar más de diez pasos? imposible con esa carga y ¡menos con contracciones!). Pues allá vamos, ¿tú sabes cómo llegar? Claro, le contesto yo segura de mí misma. Cuál, nos perdimos por supuesto. En uno de los tantos pisos donde andábamos dando vueltas, una empleada del hospital se apiadó de nosotros y nos llevó hasta la nueva ala, que tenía su propio elevador, el cual nosotros, obviamente, no conocíamos. Llegamos y la de la base de enfermeras se me queda viendo como si fuera yo extraterrestre. ¿Quién es usted? Cómo que ¿quién soy yo? la parturienta por la que ninguna de ustedes baja, claro. En eso se aparece una doctora, la Doctora Garvey. Morena clara, de sangre hindú, buenísima gente. Me dice "Yo voy a ser tu doctora en el parto, tranquila, en este momento te pasamos a la sala de preparación". Nosotros nos reímos bajito porque tanto argüende que hicieron en el grupo ginecológico al que íbamos para que conociéramos a todos los doctores para que así no fuera un extraño el que estuviera de guardia cuando yo pariera, para que me tocara la nueva del grupo, ¡a la que nadie conocía! En fin, lo bueno es que hubo buena vibra desde el principio con ella.

Me pasaron al área de preparación, que es como una antesala para la sala de parto. Para esto, todo nuevo. Todo olía a pintura nueva, las camas nuevecitas, lo último en equipo, el piso radiante, todo sin estrenar. Me acuestan, y en eso viene la enfermera, que andaba toda apurada, me recordó al conejito del reloj de "Alicia en el país de las maravillas". Al parecer no habían suficientes enfermeras ese día y ella estaba atendiendo a más de las que podía. Me dijo lo que iba a pasar: me iban a monitorear, luego a rasurar, tendría que contestar un cuestionario, vendría el anestesista, y luego pasaría a la sala de parto. El doctor desde el consultorio ya nos había dicho que iba a ser cesárea porque los niños no estaban en posición. La doctora traía urgencia por pasarme ya a la sala de operaciones. Yo no tenía ninguna.

Le llamé por teléfono a mi mamá, y estaba toda nerviosa igual que yo. Ya teníamos su boleto listo, sólo pendiente de definir la fecha, y ella arregló todo para estar con nosotros al día siguiente. Las dos lloramos por la incertudimbre, pero más por no poder estar juntas en esos momentos en los que las hijas siempre quieren tener cerca a su mamá. Yo yacía en la cama, tan nueva, tan nueva que nadie podía decirme cómo operarla. Me hicieron quitarme la ropa y ponerme una bata ralita, demasiado delgadita para el frío que hacía. Y tuve que pedir la talla más grande, mi panzonona no estaba para menos. En eso (qué raro) tengo que hacer pipí. La enfermera se nos había desaparecido desde hacía un rato. Voy al baño y antes de entrar le pregunto a la otra enfermera: "Voy al baño, ¿no quiere que le dé una muestra? seguro me la van a pedir al rato, y mejor ahorita que traigo ganas". La enfermera se carcajeó mientras me daba un frasquito y me decía "¡Se ve que has dado muchas muestras de orina! hasta ya tú nos dices cuándo las necesitamos". Y si habré dado muestras de orina, cada semana, ya me la sabía. Lo chistoso es que para esas alturas, ponerme el frasquito en un lugar donde pudiera caer la pipí era casi un acto de malabarismo ¡porque con la panzotota no había forma! En fin, salí del baño, y me volví a recostar.

Trajeron el aparato de monitoreo de ritmo cardiaco. No encontrábamos los corazones, sufrimos horrores. La doctora seguía viniendo a cada rato, preguntando cómo estaba yo, ¿dónde está la enfermera?, ¿ya está lista la paciente? No, doctora, pero me estoy apurando. Dime cuánto tiempo. No sé, estoy haciendo todo lo que puedo. Dime cuánto tiempo falta para meterla a cirugía. Déme 40 minutos doctora. Y se fue corriendo la enfermera buscando no sé qué. Ya que quedamos solas, yo sentí necesidad de decirle a la doctora que ya se calmara, pobre enfermera, la traía en friega (Sofía la defensora de los inocentes saliendo a flote). Y que le digo, bueno, ¿pero cuál es la prisa? Igual todavía faltan muchas horas, ¿no? En realidad no, quiero que entres a cirugía lo antes posible. Bueno, pero si ni se me ha roto la fuente, y tengo pocas contracciones. Se sienta en la cama y muy tranquila me dice: "Tienes más de cinco centímetros de dilatación. Tienes dos bebés en tu vientre listos para salir. Con esa abertura y con la presión de los niños, cualquier cosa puede pasar y provocar una verdadera emergencia. Por ejemplo, que uno de los cordones umbilicales se te salga...." ¡Ah caray! ¿Dónde está la enfermera? grité yo. Que se apure la canija. Me asustó muchísimo, y también me puso en mi lugar porque yo estaba lingo lilingo, como si nada estuviera pasando. En eso, sentí una contracción. Y luego otra. Y otra. Me estaban durando bastantito. Todo fue súper rápido. Con aquélla monumental panza que traía, toda se me ponía dura, dura, como piedra, y me dolía mucho. Todas esas clases de respiración y relajamiento no me sirvieron para nada, de eso no hay duda. Yo había mandado a David a comprar una cámara desechable a la tienda del hospital. En eso llega y hagan de cuenta que le habían cambiado todo: cuando se fue había dejado a una parturienta relajada y acostadita, y ahora regresaba a ver a una mujer blanca y entumida a media contracción, media parada, agarrada de la cama, que si la cama hablara hasta hubiera gritado.

En eso llega la enfermera y me rasura, poquito, me dice, no mucho. Ese poquito se lo quería yo recordar cuando en las próximas dos semanas me picó la piel muchísimo por su "poquito". ¿Dónde está el anestesista? Ahora la doctora no se la traía con la enfermera como con el anestesista que no venía. ¡Yo ya quería mi raquea! ¿Dónde está este canijo que no viene? Pues que viene. Se abrió la cortina y salió un dios griego vestido de verde hospital, guapo como él solo el desgraciado, ¡a qué muchacho más cuero! Y mi quijada al suelo. Lo vi y hasta las contracciones se me olvidaron. Me dieron ganas de esconder la panza y platicar "¿estudias o trabajas?" ¡Qué hombre más guapo, por Dios! ¿Será la estrategia del hospital para distraer el dolor de parto? No lo sé, pero a mí me funcionó. No sé cuántas preguntas me hizo, ni qué me dijo, yo sólo recuerdo que estaba bien alimentado el muchachito, con semejantes musculotes en los brazos, y unos ojos verdes preciosos y una barba, y una boca, y una nariz, ay ay ay. Yo con él, hasta el final, dije yo en mis adentros. Que te voy a poner una aguja aquí, tú pónmela donde quieras, mi vida, papucho, yo aguanto, deja que pase esto, ¡vas a ver qué guapa soy! jajajajaaa...

Me pasaron a una camilla y allá vamos, a la sala de operaciones, ahí mismo, en el siguiente pasillo. Entré y me pasan a otra mesa, digo mesa porque eso no puede ser cama, donde te acuestan es como la barra de equilibrio donde Nadia Comaneci ganó su medalla de oro. Y luego hay otra barra atravesada, donde te amarran literalmente los brazos. O sea, un crucifijo, ora sí, me van a crucificar pensé. Ahorita levantan esta cruz y me piden que puje, ¡no por favor! Pero no fue así (afortunadamente), el guapo me hizo sentarme y me puso una aguja, tan larga como las que uso para tejer, en la espalda. Por supuesto me agarró a media contracción, pues faltaba más. Luego que me mete semejante agujón, yo apenas respiraba porque estar hecha como cochinilla con dos niños de tres kilos cada uno en la panza, que aparte está dura como calabaza de castilla, no era "enchílame esta otra". En eso, respiro profundo y de pronto siento cómo me jala para acostarme, pero me jaló duro, y yo con el balance todo fuera de lugar, sentí que me caía al suelo, casi lo mato al tarado este, muy guapo pero muy insensible, brusco, ya no me latió para nada (seguro él lo sintió mucho, jajajaa). En eso yo veía a las enfermeras en la sala de operaciones súper apuradas, entraban, salían, la doctora daba vueltas, checaba todo, yo decía, ¿qué faltará? El asistente de la doctora al ladito mío, haciéndome plática que ni me acuerdo, las otra enfermeras contaban instrumentos, dos de cada uno, no acababan, la doctora les echaba unos ojos de "a ver a qué horas", pobres enfermeras, yo con la panza a punto de reventar, la doctora tratando de evitar riesgos y ellas en friega tratando de terminar todo lo antes posible.

El ambiente, tenso, yo tensa la panza como cazuela de mole, aguantando las contracciones, media mareada, media confusa, buscando a David con la mirada pero no lo veía, es que no puede entrar hasta que no comience la cirugía, y pues sí, con reverendo ir y venir una persona más estorbaría un poco, claro. Me pusieron una tela enfrente, como sábana para tapar mi vista (¡como si yo pudiera ver algo, si todo iba a suceder del lado oscuro de la luna, de ese lado de la panza que yo no me podía mirar hacía meses!). Movieron sus reflectores, luces, cámara, acción, comenzó la cesárea. Yo muerta de frío a todo esto, porque estaba desnuda de la cintura (¿cuál cintura?) para abajo, mis pies helados, pobrecitos. Y en eso veo de pasadita un bisturí. Órale, ahora sí va en serio. Y para esto el anestesista me seguía pinchando la panza, como si fuera yo cachete de niño bonito, preguntándome: ¿sientes esto? ¡Si! ¡Me duele! Todavía no puede operar, le decía a la doctora. Y así me siguió pinchando hasta que no me dolió, y eso que el pellizco fue casi hasta arriba de la panza. Pues que siento que me pasan el cuchillo en la parte baja del abdomen (¡encima de tu otra cicatriz, me había dicho la doctora; si los niños nacieran por las piernas, hubiera tenido un problema para decidir por cuál cicatriz decidirse de tantas que tengo!). Ya David estaba aquí, sentadito junto a mí, agarrándome la mano que yo tenía conectada al suero. En eso, se oye una succión fuertísima, como la lavadora cuando está en el ciclo de enjuague, fffsssssssss... no quería ni pensarlo, pero era obvio que era mi sangre la que estaban succionando con semejantes tubotes que yo sentía esculcándome dentro de la abertura. En eso, siento las manos de la doctora metérseme por la panza, agarrando, moviendo, glush glush glush, yo hasta me desbalanceaba de la movedera que se traía ahí adentro, y en eso, ¡puf! una descompresión inmensa de mi panza, como si me hubieran desinflado de un jalón, y un cuññaaaa... fuerte y decidido, Rodrigo había nacido. Se lo llevan, yo pregunto ¿está bien? Todo bien, me dice la doctora, vamos por el segundo, yo llorando, qué fuerte sensación, por algo le dicen dar a luz, pero en definitiva es una experiencia para la cual no han inventado las palabras.

En lo que se llevan a Rodrigo a la mesita de recibimiento en una esquina de la sala de operaciones, donde yo no lo podía ni ver, siento otra vez manos dentro de mí, hurgando, jalando, otra vez, glush glush glush, la succión sigue haciendo su ruido de aspiradora de líquido, en eso, siento otra descompresión total, y sé que Sebastián acaba de nacer, sigo berreando de emoción, dolor no sentía absolutamente nada, sale mi segundo niño, no lo oigo chillar, y en lo que quiero preguntar qué pasa, oigo cccuññññaaaaa... uf, qué alivio, los niños están bien. Yo queriendo tirar esa maldita cortina, mandar a todos a su casa e ir a ver mis hijos, verlos de cerquita, sentirlos, contarles los dedos, ver sus ojitos medio cerrados, su boquita abierta cuando lloran, déjenme verlos, sentirlos, desamárrenme por favor. David fue a verlos, yo me quedé prisionera de tubos y bisturís, totalmente resignada a que me volvieran a dejar más o menos como estaba antes: con mi piel cerrada.

No recuerdo haber sentido las puntadas, porque yo creo que estaba sólo concentrada en ver a mis hijos. Las dos neonatólogas estaban checándolos, en partos de gemelos siempre hay dos de todo. Yo preguntando en voz alta: ¿Están bien? ¿Están bien? Sí, sí, están bien, todo está bien. Quiero verlos, ya vamos, ya vamos, en eso viene David, todo está bien mi amor, con lágrimas en los ojos, los niños están completos, sí, sí, muy bien, vete, vete a verlos, dime cómo se ven. Mientras allá abajo la doctora haciendo trutrú. En eso, me traen a Rodrigo, envuelto en su cobijita, con una gorrita y sus ojos bien abiertos, sólo se le veía la carita, preciosa, mirando con tamaños ojazos, ¿qué es esto? ha de haber pensado ¿qué le pasó al agüita donde tan calientito estaba yo nadando? ¿Y mi hermanito? ¿Quién es esta señora? y ¿el que me trae cargado? ése ¿quién es? Volteaba sus ojitos para acá y para allá, parecía asustado, y con razón, si nunca había visto la luz, y luego esos reflectores casi de cine, pues menos. Yo seguía berreando.

En eso la neonatóloga me trae a Sebastián, con sus ojitos azabache, redonditos como canicas, su boquita de pescadito, mirándome sólo a mí, no veía nada más. Ha de haber pensado: ésta yo la conozco, su voz me parece conocida, ¿dónde estará mi hermano? Yo sentía que mi panza era un globo desinflado. En eso terminan su crochet mis amigos los cirujanos y me quitan el telón, y ¡oh sorpresa! mi panza ¡sigue ahí! ¡Me estafaron! Creí que la panza desaparecería después de parir. ¿Qué pasó?

Salem

Capítulo 35

Acabamos de regresar de Salem. Allá vive la tía de David, Arlene. Ella es hermana del papá de David, única familiar de ese lado de la familia. La fuimos a visitar porque no conocía a los bebés, sus únicos nietos. Hoy he decidido que estos bebés nuestros son unos atorrantes divinos a los que hay que disfrutarles todas sus gracias. Me morí de la risa todo el día. Ni Sebastián ni Rodrigo tienen idea de lo que es lógico, de lo que debe tener orden o de lo que es conveniente hacer. A ellos les importa estar contentos, a gusto, saciar su curiosidad. No importa si el elefante de pie hecho de porcelana china sea sólo un adorno, porque sinceramente se ve muy bien como algo a lo que me puedo trepar y de paso lamer, pensó Sebastián. Y allá fue, en esa casa que es un museo de tanto arreglo, cerámica, mesitas de té y piezas de vidrio, a ver si el elefante hacía ruidito o si por lo menos sabía bueno. Nosotros por supuesto lo detuvimos a tiempo, pero él en ese momento descubrió que del techo colgaba semejante cascabel de Navidad, del tamaño de una tetera, que brillaba allá arriba como un sol, y lo quiso alcanzar mi bebito hermoso, desde el piso se hincó, levantó sus bracitos y lo llamó con un "ta ta ta ta" que me partió el alma de la ternura y todos nos reímos porque este inocente mío llamaba al cascabel, porque igual y el cascabelón aquél quería bajarse a jugar un ratito acá a la alfombra tan acolchadita y azul, donde además hay un banquito que si te subes miras una serie de cuadritos blancos y negros, que si los toca el abuelo suenan re-bonito. Un piano, por supuesto. Le puse al abuelo (que manejó más de 800 millas para ir a ver a sus nietos ese día) a sus dos nietos, uno en cada pierna, mientras Rodrigo tocaba sensata pero irregularmente las teclas negras de tonos bajos, y Sebastián martilleaba las teclas blancas de tonos altos. Los vecinos han de haber pensado que el que tocaba el piano estaba borracho.

En eso, Sebastián descubrió un Santa Claus de lladró y se fue tendido como bandido sobre de él, y la tía abuela Arlene, la dueña de tan hermosa y decorada casa, se lo bajó, se lo puso en el piso y como si fuera poco, le dio cuerda a la bendita figurita que mi bebito miró sin parpadear por más de tres minutos (una eternidad en tiempo-bebé), fascinado por el movimiento circular, la musiquita que le salía y ese ritmo que le contagiaba de una dulzura que todas las cajitas musicales cargan eternamente. Mientras tanto Rodrigo descubría las escaleras. Como típica casa fincada y construida hace más de doscientos cincuenta años, las escaleras son estrechas y de escalón corto, o sea: perfectas para un bebé de once meses, de piernas gorditas y fuertes, con coordinación suficiente para dejarnos a todos boquiabiertos mientras las subía con destreza y decisión. A eso hay que agregarle que el barandal tiene barrotes, y que los barrotes tienen tiras de pino y nochebuenas, y unos adornitos navideños dorados, bueno, mi Rodrigo iba subiendo la escalera del siglo, la escalera de la diversión, y de sólo pensar lo que había allá arriba, hasta le metía más velocidad, y sus pompitas se bamboleaban movidas, mientras sus bracitos subían al siguiente escalón y se jalaban en perfecta coordinación con la rodilla derecha. De mensa no me llevé la video-grabadora.

Las más afectadas por este maremágnum de bebés e invasión de querubines fueron las dos perras: Taz, la perra del abuelo, y Gina, la de la tía abuela. Las dos rezongaron bastante, por celos me imagino, aunque se portaron súper amistosas con los bebés, lamiéndoles las orejas, husmeándolos cariñosamente, investigando si esto que está en el piso eran dos juguetes, dos cachorros o ardillas gemelas. Rodrigo se quitaba de encima a Gina con sus manitas empujándole el hocico, Sebastián le huía como si fuera medicina, pero los dos les sonreían de lejos, porque también para ellos las perras fueron seres indescifrables. Y esos árboles de Navidad, santo cielo, mamá, ¿porqué no pones un arbolito en cada cuarto de la casa como mi tía abuela? Porque esta santa señora, que se debería dedicar profesionalmente a la decoración, tiene un arbolito en cada habitación de la casa, hasta cuando fui al baño me fijé por si me sentaba en una ramita de pino. Y todos están decorados espectacularmente. Se me ocurrió comentarle que me había fijado que cada árbol tenía un tema diferente en su decoración, y me salió con que "en efecto, por ejemplo, éste de la cocina es referente a la canción *The Twelve Days of Christmas,* y por eso tiene las peras, la gallina, los cinco anillos, la paloma...." No pues sí, se ve que esta mujer debe tener cajas enteras que baja cada año para decorar de esa forma tan hermosa la casa, "sí, me dijo, me toma una semana y media armar todo y dos o tres quitarlo todo". Uf, eso es dedicación, y es que en esa casa hasta el perro trae algo navideño, con semejante moñazo rojo al cuello, y el centro de mesa es una villa típica de Nueva Inglaterra, con laguito, patinadores, y casas con chimeneas. Santa Claus está en todos lados: en las esferas, en figuritas, en los manteles, en los trapos de cocina, las toallas para las manos, de muñeco sentadito en las sillas, a la entrada en la puerta. Hasta la piyama que un día me regaló en Navidad, y que traigo puesta ahorita, tiene a Santa Claus cientos de veces impreso. Y mis bebés en la gloria, en una casa con tanta cosita nueva para sus ojos y para su imaginación, ahorita seguro están soñando en tonos rojos, verdes y dorados.

Luego vino el show del almuerzo, que gracias a que ahora todo lo hacen portable, pudimos sentarlos en sus sillitas con charolita al frente, y se echaron sus chícharos, zanahorias, cereal, manzana, platanito y para cerrar, unos 'cheerios' con los cuales hicieron reír a todos por su habilidad de tomarlos con sus deditos y llevárselos a la boca. Todo esto con una cocina típica de Nueva Inglaterra de fondo: los muebles de madera, los letreros de tiendas de abarrotes antiguas, las bases para cosas calientes de hierro forjado colgados en la pared. Nosotros los grandes nos deleitamos con un pollo con alcachofas y alcaparras para chuparse los dedos, acompañado con una ensalada con betabel espectacular, Clemen me decía que Arlene le recordaba a su tía Raquel, con la que se crió. Y mientras Clemen miraba todo con gusto y añoranza, a Arlene se le llenaba el corazón del torrente de dulzura que son Sebastián y Rodrigo, ese corazón que todavía le duele desde la muerte de su (sensacional) marido Jim.

Al abuelo le teníamos que limpiar la baba de la fascinación que tiene por sus nietos, y su esposa nos miraba contenta de verlos tan felices, David vigilaba que Dieguito no rompiera ninguna antigüedad de esas que cuestan quinientos dólares, y yo le olía el trasero a Rodrigo porque eran las cuatro y este niño todavía no hace caca. Las perras nos miraban y participaban entremetiéndose en los pies de todos, queriendo jugar con los juguetes de los niños, preguntándose a qué hora se van éstos que ya quiero otra vez ser yo el centro de atención. Alguien le llamó por teléfono a Arlene pidiéndole ayuda para una fiesta y ella decentemente le dijo que estaba muy ocupada con sus nietos, que la disculparan. Les regaló dos tapetes en forma de abeja, con su cabecita redonda con antenas, misma que Rodrigo atacó a besos en cuanto salió de la bolsa, cosa más linda y suavecita era esa cabecita, además con bolitas en la cabeza que le puedo morder, mami, mirá qué bonito regalo, me decía con sus ojitos desde el piso donde tirado atacaba de amor al tapete. Y para sorpresa nuestra, les regaló un tren eléctrico hermoso, grande, de esos que andan de verdad. Ese tren ella se lo había comprado a Jim, su finado marido, porque a Jim le gustaban los trenes, y lo armaron una mañana de Navidad entre David, su papá y Jim, y se divirtieron mucho. Luego ella lo guardó, y sabemos que desde que él murió no ha regalado ni dado nada de Jim, y esto fue lo primero que era de él que ella regala. Por supuesto nunca lo volvió a abrir después de ese día, y ahora mis niños tienen el honor de heredar tan bello y significativo regalo. Yo en un ratito me tuve que salir a caminar cinco minutos porque esa casa era un horno, hacía un calor tremendo adentro, no sé si porque la calefacción estaba muy alta o porque había tanto amor flotando en el aire. La primera vez que intentamos dormirlos para su siesta fue difícil, porque había tanto que ver en esas recámaras que nunca habían visto: el tapiz amarillo con flores azules que coordinaba perfectamente con la colcha, la alfombra y las cortinas, o la pared llena de cuadros pequeños con todo tipo de cosas pintados en ellas, y esa ventana enorme, mami, con tamaño arbolón allá afuera y la forma que el sol le daba y traía la sombra de las ramas a la cama y las ramas se movían en la cama mami, deja de joder con que me tome la mamila, ni loco me duermo, ¿qué no ves esa colección de ositos de peluche que hay allá arriba? Y así lo intentamos, pero fue imposible, y yo pensé que había sido un esfuerzo inútil cargar con las cunas portables, las colchonetas que les cosió mi tía Lilia con la tela que escogió mi hermano Carlos, y las colchitas que les tejió mi mamá, más las sabanitas y sus respectivos Oinc y el Moosey, sus muñecos que abrazan cuando se duermen, pero los bajamos y al segundo intento sí se durmieron, estaban bien cansados. Claro que cuando finalmente Rodrigo se durmió, yo muy mona me levanto y cuando me paro, *ccrrriiinnncccchhh,* rechina el piso como si yo pesara tres veces lo que peso, con esa madera de casa antigua que parece que tiene amplificadores integrados, así es que me tuve que salir paso a pasito cada vez que Rodrigo roncaba, y aún así casi lo desperté dos veces nada más de los cinco pasos de su cunita a la puerta.

Pero lo más importante de todo fue que le hicimos pasar un día inolvidable a la tía abuela y al abuelito. Los dos tan necesitados de cariño, tan orgullosos de sus nietos, que no se cansaban de admirarlos, besarlos, hacerles gracias, y mis bebés luciéndose, brillando como estrellas, que fueron más bien cometas fugaces porque el día se nos hizo a todos muy corto. De regreso, todo iba bien, se durmieron, pero tuvimos que hacer una parada de emergencia porque Rodrigo hizo (finalmente) popó. Y entonces sí se durmió. Pero cuando tuvimos que pasar por Hartford, una ciudad con tráfico, luces, trailers, Sebastián fue el primero en despertarse, gritar, refufuñar, y claro, despertar al hermano. Luego que despertó a Rodrigo, él se durmió otra vez, pero al Rodrigo lo tuvimos que tratar de dormir una media hora más porque se reque-contra enojó por las luces, el ruido, mami, ¿qué hago aquí y dónde está mi cuna, y porqué me tienes atado a una sillita? Pobre bebito. Lloró y lloró, pero se durmió. Y cuando se durmió pensé: ay m´hijo, teníamos a venir a ver esta viejita que no te había conocido y que tanto te quiere, porque si vieras cómo te mira y se enternece, y ya crecerás y comprenderás que hacer a una viejita feliz es un acto de ángeles, y tú eres un angelito, mi cielo, duerme tranquilo, ya vamos a llegar y te vas a dormir en tu cunita a gusto con tu Oinc. Rogué porque una de las brujas blancas de Salem me viniera a ayudar para que ya no se despertaran más. El papá de David cuando nos despedimos no pudo decirnos adiós porque las lágrimas no lo dejaban hablar. Nuevamente comprobé qué fuertes son los genes, cómo jala la sangre, porque ese hombre, a sus setenta y tantos años, manejó más de ochocientas millas para venir a ver a sus nietos, para verlos treparsele en las rodillas, para hacerlo ponerse en manos pies y gatear con ellos, y él se sabe infinito en ellos, porque esas vidas que comienzan, le renuevan la suya, él ya sabe que su código genético sobrevivirá en Sebastián y Rodrigo, y sentirse inmortal fue lo que, yo creo, le hizo llorar al verlos partir.

El mar

36

La sonrisa enorme de Sebastián cuando chocaban las olas y su papá lo levantaba en vilo. El agua de la regadera en la playa salpicándolos todos, mojándoles los cachetes bronceados, brillando como sus ojos a pleno sol. Los dos sentados en la arena jugando con las palas y las cubetas, hablando un idioma único, como si estuvieran en diálogo con las olas. Los meseros saludando a Sebastián como si fueran cuates de toda la vida, y él brindándoles su mejor sonrisa, sociable y querendón. La forma en que comieron el aguacate en el restaurante mexicano, casi sin respirar. Los dos dando vueltas en sus llantitas, después de mucho rato en la alberca, fascinados por la sensación de flotar y ver pasar pelícanos allá arriba. Dormir los cuatro juntos en un cuarto, dos camas, dos cunas, una familia, mucho cansancio al final del día, despertar contentos y bronceados. El café con leche y la rosca de reyes que dieron en el bufete el seis de enero. El asombro de Rodrigo al ver pájaros cafés y elegantes en las mesas, en las sillas, en el piso, comiendo migajas, cantándole a mi niño que los adora y platica con ellos. La forma en que con sus manitas nos agarran del dedo y nos llevaban por los pasillos del hotel hacia la alberca, siempre acabábamos cerca del agua. El clóset que estaba de su tamaño y entraban y salían como diez mil veces todas las mañanas. La forma en que guardaban a Moosy y a Oinc en la maleta antes de salirnos del cuarto. Sebastián acariciando la cabeza del hermano en el aeropuerto cuando lloraba desconsolado porque estaba cansado y harto del viaje en el avión.

Todo esto hizo que el viaje valiera la pena. Me olvidaré de los problemas que tuvimos con el hotel, del ruido espantoso de las bocinas en la alberca y del vuelo de regreso que iba lleno. Este viaje tuvo un objetivo que entendí hasta que los ví a los dos frente a las olas: llevé a mis niños a que el mar me los bendijera, a que me los empapara en su sal bendita y ancestral, para que su futuro tenga sabor y nunca les falte calor.

Cuando me muera

Capítulo 37

Cuando me muera quiero muchas flores en mi entierro, pero de colores, nada de flores blancas. Quiero flores rojas, naranjas, de preferencia azules y amarillas. Nadie debe ir de negro. Prohibido el negro. Hasta ahora he vivido muy feliz, no quiero que se pongan serios, acuérdense de mi risa, de mis carcajadas, de cómo los hacía reír. Cuando me muera quiero que alguien por favor tome todos mis escritos y los publique. No puede ser que tanto tiempo que invertí en escribir palabras se queden todas en una computadora. Quiero que todos sepan mi historia, lo que viví, lo que no sobreviví. En la casa funeraria, que pongan videos de los niños cuando estaban chiquitos, que se vea lo que estoy dejando en el mundo, mi legado: dos hermosuras de niños que me están haciendo perdurar en vida. Cuando me muera no quiero dejar a muchos atrás, sólo a mis hijos y a mis sobrinas y sobrinos si es posible. No quiero hacer llorar ni a mis papás, ni a mis hermanos, ni a mis tías, ni a David, a nadie de mi generación. Quiero ser la última en irme, la que arropó a todos para su partida de este mundo y los despidió en la puerta. Quiero convertirme en un espíritu benigno que cuidará de los que llevan mi sangre por esta tierra. Prometo cuidarlos, protegerlos, despertarlos pronto cuando tengan pesadillas. Quiero que los que queden detrás me recuerden como una mujer que supo reírse mucho, que vivió la vida a más no poder, que bailó en Río, parió gemelos, caminó por las orillas del Sena enamorada de David, lo besó por primera vez en Long Island, y lo besó mil veces más en Guanajuato y San Miguel de Allende. Una mujer que aprendió de su madre a leer, leer como loca, y que enjaulada en hojas con mil letras aprendió de todos los autores que la vida no sólo se vive; la vida también se debe leer. Una mujer que aprendió de su padre a ser paciente, sencilla, honesta. Y que se fugó del smog y los hombres machos en un avión un otoño, en pos del amor, porque los óvulos pedían pareja con quien atrincherarse, y de esas ganas nacieron dos pequeños seres humanos: Sebastián y Rodrigo, que la hicieron llorar de alegría, lágrimas obvias, lágrimas silenciosas, lágrimas a escondidas, lágrimas en público. Una mujer que lloró porque nunca imaginó que ser madre podría ser tan fantástico, tan pleno. Cuando me muera no quiero condolencias religiosas por favor. Nada de "ahora está mejor en el cielo" o "dios nos la dio, dios nos la quitó". Por favor, se los ruego, no hagan eso, porque cuando se murió mi hermano Julio escuché tanto esas frases, y me sirvieron tan poco, que me volví atea, y no quiero ser responsable de ningún ateo más en la familia. Cuando me muera, no se olviden de mí tan pronto. Visítenme de vez en cuando donde me hayan enterrado, lleven a sus hijos a visitar mi tumba o donde tiraron mis cenizas, cuéntenles de Sofía, una mujer como cualquier otra, a quien la vida no le duró lo suficiente para comérsela toda, pero que se las dejó a ellos, para que la prueben y la saboreen sin prisa y con muchas ganas, como un mango manila en su punto, de esos que tu mamá escoge en el mercado y tú te lo comes en los escalones de la puerta de la entrada, con el jugo escurriéndote hasta los codos. Cuando me muera, no traigan mariachis a mi entierro. Donen mis órganos, si todavía sirven. No tiren nada de lo mío, hasta un año después que haya muerto. Porque quizás para entonces me hayan conocido más, porque volveré a hablarles en sueños, se los prometo.

Antes y ahora

Antes de estar embarazada, era yo experta en muchas cosas: hacer maletas para mis viajes, andar en bici por millas y millas, hacer pesas, cocinar pasta con salsas complicadas, tomar vino sin marearme demasiado. Ahora soy experta en cambiar pañales; lo puedo hacer en un bebé que se resiste como si el pañal trajera púas, o como si le estuvieran llamando desde el otro cuarto para regalarle Disneylandia. Soy experta en andar de puntillas en la casa cuando duermen la siesta: sé perfectamente dónde cruje el piso, cuál manija de la puerta rechina más y que si abro algo con papel celofán o con velcro mientras duermen, se despiertan. Soy experta en interpretar grititos: el de alegría es diferente al de hambre, el de cansancio es diferente al de enojo. Sé qué juguete darle al hermanito para distraerlo si el otro está jugando con su favorito. Sé anticipar una pelea cuando la veo venir: cuando Sebastián gatea como pistón de Ferrari en Le Mans hacia su hermano para tratar de jugar también con la tortuga, de la cual sólo tienen una. Soy experta en el ritmo que Rodrigo necesita para comer: cada cucharada tras la otra cuando está resistente a comer y por pura casualidad pude meterle una probadita de yoghurt mientras estaba distraído. Soy experta en cachar 'cheerios' en el aire cuando Sebastián decide que no quiere más y los avienta todos de un jalón fuera de su charola.

Mi fuerza para cargar a los dos al mismo tiempo es admirable, porque cada vez éstos pesan más y mi espalda aguanta menos. Sé que si Rodrigo llora al meterlo a la tina no es porque no quiera tomar el baño, sino porque pasamos muy rápido por la puerta del baño y no lo dejé jugar con ella. Si Sebastián se despierta de su siesta y no hace ruido, y luego me llama para que lo saque de su cuna, sé más o menos cuánto tiempo lleva despierto dependiendo de qué tan colorado tiene los cachetes.

Sin embargo, hay cosas que todavía no sé. Una de ellas es saber qué hace que Rodrigo se duerma dos horas después de su mamila de las cinco y media de la mañana y otras veces ya no se duerme. No tiene nada que ver con cuánto durmió el día anterior en la siesta. No sé porqué Sebastián cuando lo acuesto en su cuna, inmediatamente llora fuerte y en un ratito, se calma. No sé porqué ahora no se están a gusto en el coche, sobre todo Rodrigo, que tira todo juguetito que le doy para que juegue y refunfuña hasta que llegamos a donde vamos. No sé cómo es que estos niños saben qué pedirle a quién: saben distinguir entre la forma en que yo los duermo, a la forma en que su papi los duerme, al estilo que utiliza Clemen. No sé porqué a Sebastián le fascinan sus zapatitos y Rodrigo los aborrece y no para hasta quitárselos, o más bien, arrancárselos de los pies. Ignoro cómo es que pueden devorar tres veces lo que comen normalmente, para luego pedir más a la hora y media. No sé dónde le cabe a Sebastián tanta leche, a veces hasta dos mamilas seguidas se chuta.

También tengo muchas interrogantes sin respuesta segura: El sabor de la tierra de las plantas, ¿será tan bueno como lo dice la carita de Sebastián cuando lo encuentro con la boca negra y los deditos enlodados? Mis brazos, ¿serán tan necesarios para sobrevivir como me lo dice Rodrigo cada vez que me ruega que lo cargue? ¿Despertar y soltar un llanto desconsolado por dos segundos y luego volverse a dormir será un ritual del sueño de Rodrigo? ¿Patear mi pierna persistentemente mientras le doy de cenar a Sebastián será la forma en que me quiere decir que le gusta lo que le estoy dando? ¿Los venados que ven pasar allá afuera y a los que les gritan desde el ventanal, les entenderán a mis bebitos? ¿Dónde voy yo a guardar tantos recuerdos de estos dos angelitos que me hacen feliz cada día? ¿Qué hago con la desesperación cuando están molestitos y no se aguantan ni ellos solos? ¿Habrán inventado ya las camionetas turbo para mamás que trabajan medio día y mueren por volver rápido a su casa a ver a sus bebés? ¿Si me para la patrulla, me dejará ir si le cuento que voy a alta velocidad porque tengo cuatro horas, doce minutos y treinta y tres segundos sin ver a mis nenes? ¿Si le mando una carta al alcalde, quitará algunos de los quince altos que me separan de mis niños cuando regreso a verlos? ¿Será posible querer tanto?

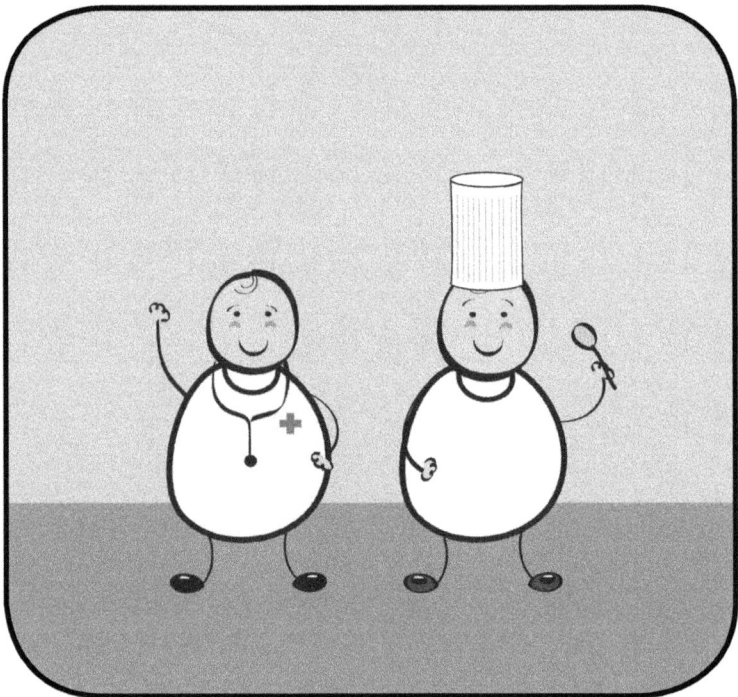

Enriquecido con vitaminas y complicaciones

39

Rodrigo ahora hace algo chistosísimo: se agarra de algo, se jala, se para. Ya que está arriba, se gira un poco, suelta un bracito al aire, lo sostiene derechito, abre la pierna del mismo lado y se queda quietecito, se suelta y por medio nanosegundo se queda paradito solito, pero claro, luego se cae. Cae de todas formas, pero casi siempre en sus pompitas. Luego lo vuelve a intentar... ¿se estará queriendo parar?

Hoy miro mi vida y veo cuánto ha cambiado. Quizás será mejor decir: cuánto se ha enriquecido y se ha complicado. Lo de enriquecido queda por demás explicarlo: estos dos bebés son dos focos de energía positiva, dos esponjas que chupan todo su alrededor con curiosidad avasalladora y manitas curiosas. Están aprendiendo de nosotros todo: los gestos, las formas de relacionarse, cómo sonreír, dónde esconderse, qué comer, a qué horas dormir. Nosotros hacemos lo mejor que podemos, ser nosotros mismos, pensar dos veces cuando se nos salen las groserías o cuando nos queremos pelear y ellos están a nuestros pies jugando. ¿Merece un bebé ser testigo de un pleito entre sus padres, algo que es completamente incomprensible para él, algo que muy probablemente no pueda asimilar? ¿O es mejor que aprenda que la gente se pelea pero que también se reconcilia, que hay palabras que todo lo curan: *perdón, te quiero, ven que te quiero abrazar?* De esas preguntas está inundada mi vida hoy día, no sé si le pongo demasiado seso al asunto, o si debería ponerle más. Esto de ser mamá por primera vez es la duda continua, el titubear ante muchos asuntos, el preguntarte mil veces si hiciste bien o mal. Y eso que leo como loca y hablo con otras mamás y platico con mi mami y mi hermana. Esto de ser obsesiva es una frieguita. Lo que sí sé es que algo debemos

enriquecido con vitaminas y complicaciones | 155

estar haciendo bien porque estos niños se portan bien, comen bien, duermen decentemente, sonríen que da gusto, nos buscan mucho. Ah, ese es otro asunto que es muy fuerte ahora: el apego. A los dos les ha dado por pegarse a nosotros de una forma inusitada. Si me salgo del cuarto, tamaño berrido que suelta. Si me paro y me voy a la cocina, llorando me siguen. Tengo que hacer todo un rito de adiós cada vez que voy al baño, en serio, es de risa. El otro día, en el clímax de este amor y necesidad de mí, tuve que meter a los dos al baño mientras me bañaba porque lloraban y lloraban si no me veían. Así es que hubo concilio en el baño: Sebastián y Rodrigo en el suelo jugando con la puerta y el tapete, y David vigilando que no se pegaran o abrieran los cajones de abajo (que por cierto tengo que vaciar de medicinas y cosas peligrosas ya). Primero me medio molestaba esta exagerada (a mis ojos) reacción, pero hay que ver las cosas desde el punto de vista de un bebé: somos su única referencia de que todo está bien, nos necesitan ardientemente porque su concepto del "yo" todavía está en ciernes, es chistoso que todo esto que parece rollo psicológico es totalmente cierto: somos un menjurje de todos juntos en estos días. Y me siento como una estatua con dos bebés, uno en cada brazo, hechos todos del mismo pedazo de barro, moldeados por la misma mano, cocidos en el mismo horno e inseparables. Y esa estatua de barro se mueve, duerme, da de comer, siempre con sus "attachments" pegaditos, me quieren ver, saben dónde estoy, o de plano vienen, se me trepan y desde mi cuerpo, quieren conocer todo, tocar todo, son una cosa chistosísima. Dicen que esta fase de apego dura hasta un poco después del año: yo ya me resigné, y trato de no irme así crudamente nunca, sino siempre decirles adiós, ahorita vengo, no me tardo, buenas noches, nos vemos al rato, algo para que sepan que no me voy (¿y a dónde me iría? a ningún lado quiero ir si no es con ellos, o por lo menos con uno de ellos a la vez). Aunque ahora que lo pienso, ¿a dónde me iría? Si supiera que los niños no me iban a extrañar, si pudiera parar el tiempo para todos menos para mí, me iría a Puerto Vallarta tres días. Me tiraría en la arena, me tostaría al sol, leería, tomaría margaritas, cenaría a la luz de las velas, dormiría de siete a siete, qué digo siete, ¡hasta las diez! Mi mamá me cocinaría y tendría un yogi personal que guiaría mis meditaciones. Mis amigos me visitarían de dos en dos (como en la canción "De cartón piedra") y se quedarían hasta que no pudiéramos reír más y nos hubiéramos contado todos los chismes. El escribir esto ya me abrió el apetito para pedir deseos, y como ya estamos en diciembre, creo que se vale:

Quiero que mi familia esté sana y todos tengan trabajo. Quiero que se me ajuste el grupo de neuronas que controlan los antojos, para que yo sólo coma lo que necesito, y no lo que quiero. Que David siga siendo tan buen papá, que lo promuevan. Quiero que a Clemen pueda ir a ver a su familia, pero también que pueda regresar acá el año que entra. Quiero que mis niños sigan creciendo sanos, fuertes, divinos, listísimos. Que por favor se les olvide que siempre se despiertan a las cuatro de la madrugada, que una noche duerman seguidito sin interrupción. Que se les quede grabado que nosotros siempre estamos cerca, no nos vamos a ir a ningún lado, y menos a esas horas de la madrugada, digo. Quiero que me consigan un trabajo leve, con poca responsabilidad, de tiempo parcial y en una oficina cerca de la casa. Que pueda yo ir cuatro horas a trabajar y punto. Quiero que los dentistas inventen una forma para que los dientes se curen y queden perfectos rápido, en dos visitas nada más. Y que alguien me regale de Navidad un pase para tener un masaje mensual. Nada más. Con estas cositas me conformo, Santos Reyes.

Ya me desvié del tema, yo comencé diciendo que mi vida se ha enriquecido y complicado. Lo de complicado es porque ahora no sólo soy yo en mi vida. Ahora soy responsable por otros dos seres humanos. Esa simple frase es pesada como una campana de la Catedral de la Ciudad de México. E igual de seria. Por mucho que la maternidad se confunda con pañales y mamilas, la verdad es que estás criando a dos bebés, los estás moldeando, los estás ayudando a asimilar y asimilarse al mundo, y esa es tarea de titanes. Si no has pasado por ella, es difícil comprender cuán vasta es. Y no es porque me quiera yo poner de heroína, sino porque en serio, todas las mamás y los papás tenemos mucha responsabilidad a cuestas. Nada que no podamos hacer, eso sí, pero nuestra tarea es fenomenalmente importante. Podemos criar hombres buenos o asesinos. Maestros o delincuentes que hacen bombas. Buenos padres o pederastas. Niños listos o retrasados. Podemos enseñarles a comer manzanas o papas fritas de bolsita. Podemos dejarlos jugar solos o apreciar sus avances y enseñarles a hacer nuevas cosas. Podemos atenderlos o dejarlos llorar hasta que se caen muertos de cansancio de llamarte, hechos popó y hambrientos. Podemos criar atletas o seres obesos. En nuestras manos está que sean trabajadores o mantenidos. Libres pensadores o atenidos mentales. Chicos que juegan al futbol o drogadictos. Adultos que venden ideas buenas o drogas a buen precio. Gente sonriente o gruñones empedernidos a quienes nada les parece. Líderes de buen corazón o tiranos que pueden mandar matar sin pensarlo dos veces. Y no estoy exagerando, me pueden venir a contar todo lo que quieran de genética, pero siempre he estado convencida que el entorno es muy importante, claro, la genética también juega un rol, pero el ambiente es primordial. Y ahora que tengo a Sebastián y a Rodrigo, más lo compruebo. Yo sé que más tarde habrá otras influencias importantísimas en sus vidas, sus maestros, sus amigos, los medios de comunicación, pero si los papás les ayudamos a traducir toda esa infinidad de mensajes, aclarando lo confuso y bloqueando lo maléfico, creo que estamos cumpliendo con hacerlos crecer como niños sanos. Y con bloqueando me refiero a que no puedan ver páginas de pornografía en internet, no programas de violencia a raudales en la tele, no jugar nintendo como si se lo fueran a llevar mañana para siempre. Yo sé que mis niños crecerán y elegirán qué hacer, cómo hacerlo, dónde ir, pero estará en mí y en David el encauzar un poco sus decisiones para que no se me vayan a ir al precipicio de lo incontrolable. Y esta responsabilidad titánica, ha complicado mi vida enormemente. Yo pasé a segundo plano. Si yo no he comido, si no me he bañado, si no tengo tiempo de leer, eso no importa siempre y cuando los niños estén bien atendidos, cambiados, limpios, contentos jugando.

Yo me pregunto si todas las mamás se sienten así o yo estoy actuando de forma extraña. Y ahora comienzo a tratar de entrar en balance conmigo misma, ahora que están un poco más grandecitos, aunque no se le puede llamar "grande" a un tierno bebé de diez meses. Y esta complicación incluye que yo vuelva a trabajar, que esté yendo al gimnasio, que vuelva un poco a ser la de antes, aunque la verdad es que soy una Sofía mucho muy diferente, no más la sexy, desabotonada, amante de la parranda y egocéntrica. Ahora soy la Sofía Mamá, y por mucho que extrañe a la otra Sofía, ésta me gusta bastante, como que me siento más importante, más capaz de dar y crear, más creativa, menos centrada en mí misma. Extraño los viajes, el tequila, los domingos de dormir tarde, pero la verdad es que inclusive sin estos niños, extrañaría eso de todas formas, porque todos nuestros amigos aquí han tenido o están teniendo hijos, así es que igual no hay mucha posibilidad de salir o hacer fiestas. Antes íbamos a la *happy hour* los viernes, y ahora vamos a la clase de música para bebés los lunes. Todo sea por la diversión.

Capítulo

40

Hoy fue mi primer día de trabajo. Escribo esto mientras los bebés están a punto de dormirse para su siesta de la tarde. Rodrigo juega con sus jirafitas musicales y Sebastián se resiste a descansar aunque está muerto de cansancio. Pero ya van cayendo poquito a poquito. Fuí a la oficina, a una reunión en la que estuvo el equipo de Recursos Humanos. Yo iba vestida en mi nueva ropa talla 16 que tuve que comprar, que me queda divina pero no deja de ser talla extra-grande, lo cual molesta a una parte de mi personalidad obsesionada con ser talla 12 otra vez. Yo sinceramente no sé si eso pasará, no me quita el sueño pero tampoco me tiene encantada. Ojala pudiera ser talla 14 otra vez, con eso me conformo. En fin, iba yo muy elegante de azul marino y tacones que igual me medio molestaban los pies. Dejé a los niños inquietos, estaban ya listos para su siesta, yo lloraba, ellos lloriqueaban, todos nos despedimos tensos y forzados los adioses.

Lloré en el coche cuando me iba. Llegué a IBM y aquél edificio tan grande, limpio, moderno me dio la bienvenida de buena gana, "de vuelta a casa" parecía que me decía con sus puertas revolventes. Entré a la sala de juntas, vi una pantalla con mi correo electrónico y me dí cuenta que me encanta trabajar porque todo está bien diseñado, bien pensado, la gente es recta, amable, honesta. Mi jefa me encanta porque es sincera, no conflictiva, abierta. Su jefa es creativa, ágil, innovadora. Y mientras hablaban de juntas, números y fechas, yo veía el reloj y pensaba que mis niños estaban en su siesta en ese momento; me imaginé a Rodrigo sobre la mesa de la sala de juntas, jugando con el teléfono o mordiendo el cable, y a Sebastián gateando a toda velocidad para alcanzar el teclado de la laptop de mi compañero, o empujando las sillas con rueditas por toda la alfombra, fascinado porque no hay nada que lo detenga, tan grande es esa sala. Estaba yo comenzando a aburrirme de la junta, y pensé que todos los que traían lentes serían perseguidos por Rodrigo, que le fascina quitárselos a quien se deje. Y esos collares y aretes, Sebastián los probaría todos. En fin, sigo sin poder vivir sin ellos, no importa dónde ande. Cuando regresé a casa ya habían almorzado, estaban lloroncitos, esos dientes que no le acaban de salir a Sebastián y las muelas de Rodrigo nos están volviendo locos a todos. Pero me abrazaron, los besé, uy, ya voy por Rodrigo que ya se despertó.

Primeros pasos

41

Los niños están mucho mejor. El que está muy mal es David, pobre, le agarró el mismo virus. Nunca se acuesta durante el día ni falta al trabajo, y esta vez hizo ambas cosas. Con trabajos tomaba agua, pobrecito. El pollo cocido no le caía bien, lo cual se me hizo rarísimo porque eso siempre es bueno para la panza. Es que tiene tripas gringas, eso ha de ser. Por ahora está mejor, ya fue a trabajar, pero pobre, bajó tres kilos en tres días... ¿Será que me pueda dar ese mismo virus pero sin las molestias y así bajo algunas de las decenas de kilos que tengo de más?

Sebastián ayer dio su primer paso. Anda flaquito mi nenito hermoso, después de estar tan enfermo. Estaba parado agarrado de la mesa, se volteó, y quiso venir a echárseme encima, yo tirada en el suelo, pero estaba lejos, así es que, casi sin darse cuenta, dio un paso hacia adelante y luego se colapsó al piso para continuar la brecha gateando. David y yo lo vimos, nos quedamos anonadados. Y hoy Rodrigo hizo lo mismo, pero esta vez le tocó a Clemen verlo conmigo, estaba bajándose de un cojín del sillón—porque ahora se los bajamos para que se diviertan dando tumbos de aquí para allá- y se agarró del antebrazo del sillón, se giró un poquito, dio un paso y se me vino encima con tamaña sonrisota. Ya cualquier día se nos sueltan caminando. Y yo muero de miedo, de ganas de verlos andar, de angustia porque no sé qué hacer para alargar esta época que es tan linda, en la que todavía son bebés en tantos aspectos, pero sobre todo Rodrigo, sus facciones han cambiado, ya se ve como un niñito. Ahora la moda es quitarse los calcetines todo el día, yo se los pongo, ellos se los quitan, estos niños creo que eran aztecas en otras épocas, pero no nobles sino del pueblo, por eso no se permiten usar nada en los pies, quieren andar descalzos. Ayer apenas lo acosté junto a mí, empezó el "juego del calcetín": yo se los pongo, él se los quita, yo se los vuelvo a poner, y él lo toma de la puntita y me mira con esa sonrisa pícara como amenazando con volvérselo a quitar, y entonces es cuando viene ese estallido de risas que a Rodrigo le sale del alma, "belly laugh" le llama su papá. Esos momentos son los que quiero que se queden en mí toda la vida, porque cuando oigo esa risa, cuando lo veo tan inocente, tan feliz, de pronto todo en mi vida hace "click", todo coincide, las noches se conectan con los días, los pesares con las alegrías y ese sol que es su carita cuando se muere de la risa es todo lo que necesito para seguir viva.

A Sebastián ya se le ven más sus dientes de arriba, es divino, se porta tan bien este niño, ya recuperó sus fuerzas, después de tremenda infección estomacal, mi cielo, estaba tan malito. Pero aguantó como los machos, qué bárbaro, nada más de ver cómo estuvo David y luego ver cómo sobrevivió este chiquito este mismo virus, me quito el sombrero ante él. Hoy trae un trancazo en el ojo, este niño que a todos lados va con prisa, se me metió al baño en lo que yo me secaba el pelo, no lo oí por la secadora, y cuando voltee, lo vi caerse de espaldas en el piso. David lo alcanzó a ver, dice que estaba tratando de levantarse agarrado del excusado. Pues lloró mucho, demasiado para el golpe en la cabeza, se me hizo raro. David lo traía cargando para calmarlo, y cuando salgo del baño, lo veo y ¿qué onda? ¡Traía sangre en el ojo! Se había pegado en el ojo izquierdo, en la orilla de afuera, se le estaba hinchando y luego luego le hablé al doctor. Me dijo que si no había derrame interno y sólo era una cortadita leve, que no era necesario checarlo. Su papá fue a comprarle su pomadita y tan tan, asunto arreglóse. Ahora anda con el ojo hinchado, pobre.

Los dos andan descubriendo cómo funciona este mundo. Juegan con todo, pero particularmente les fascinan las cosas nuevas, con lo que nunca hayan jugado o tocado o probado. Las llaves, mi gafete del trabajo, alguna pluma de escribir, mi crema del cuerpo, el monitor de sus cuartos, el cargador de la video, el folleto de una nueva tarjeta de crédito, el cierre de mi chamarra, cualquier cosa que sea nueva para ellos, la quieren tomar, investigar, y si se puede, chupar. Ayer Rodrigo en el supermercado me hizo reir y enojar al mismo tiempo. Reconozco que soy obsesiva y en estas épocas de enfermedades por doquier, limpio todo lo que van a tocar en lugares públicos, sobre todo las cosas que sé que están cargadas de gérmenes, bichos, virus, bacterias, cochinadas de gente que agarra las cosas y yo no sé siquiera si se limpiaron cuando fueron al baño, en fin, en el supermercado siempre les limpio el asiento del carrito antes de sentarlos. Pues estábamos en la caja, yo empacando las innumerables cosas que compré, y cuando volteo, ¿qué está haciendo Rodrigo? Chupando la orilla de la banda de la caja, a gusto mi hijo, chupe y chupe, lamiendo cuanta porquería tenía esa maldita banda, ay Rodrigo, y yo furiosa con él por un nanosegundo, pero luego que le dije que dejara de hacerlo, me volteó a ver con una carita de ¿qué te pasa, mami, aquí estoy nomás probando a ver a qué sabe esto que nunca he visto, está medio saladito aquí, pero acá atrás sabía dulce... Cálmate, si no más estoy probando..." Y esa cara me mató de la risa, y tuve que sacar el cochecito de la caja, y lo dejé ahí cerquita mío en un lugar donde no alcanzaba a lamer nada, y en eso estoy pagando, y las demás personas en la fila con cara de desesperación ante tanta demora y cuando volteo, Rodrigo tiene mi bolsita donde cargo los cupones vacía en sus manos, y todos mi cupones esparcidos bellamente por el piso, el nene los estaba sacando uno por uno y tirándolos al piso a ver dónde caían, luego se les quedaba viendo, y paso seguido, sacaba otro y lo tiraba, luego se agarraba de la barra del carrito y se agachaba y agachaba para ver hasta dónde había llegado ese cupón, y ya que lo localizaba, agarraba otro y lo tiraba... Así me tiró como veinte cupones. Cuando le dije "Rodrigo, ¿qué haces?" Como que me quería contestar "Mami, estos cupones se ven tan bien en el piso, mira, el piso estaba así sin chiste, pero ahora está tapizado con tantos papelitos de colores que traes aquí guardados... ¿porqué te enojas, ma?" Ay Rodrigo, me moría de la risa, porque este niño lo dice todo con su carita tan expresiva.

Los dos se expresan mucho amor entre ellos. Les encanta verse cuando se despiertan, se ríen, mueren por subirse a la cuna del hermano, ese lugar igual al suyo pero completamente diferente, en un cuarto diferente, con juguetes parecidos, pero la cobija de otro color, con barrotes iguales pero lo que se ve desde ellos son otras cosas. Sebastián aguanta muy bien los ataques de amor de Rodrigo, a pesar de que el tanquecito pesa bastante y se le va encima con la misma fuerza con la que nos ataca a nosotros cuando le agarra un arrebato de amor sorpresivo. Los dos mueren por subirse a los sillones, ellos quieren estar arriba, brincar y ver todo desde otro nivel. El otro día se subieron a la mecedora azul (donde les dí pecho el año pasado) usando el descansa-pié como banquito. Rodrigo fue el primero, se paró en el descansa-pié, subió una piernita, se quejó, no lo ayudé, y como no lo ayudé más se encabritó y con su pura fuerza se logró subir. Acto seguido el hermano por supuesto le siguió los pasos y ahí estaba yo cuidándolos que no se me fueran a caer. Ellos, encantados. Viendo cuán peligrosa había sido esa situación, les quité el banquito/descansapié y lo guardé en el closet. Hoy (al día siguiente) fuí a una reunión de trabajo que me queda lejos, y cuando le llamé a Clemen para ver cómo estaban los niños, me contó que habían arrastrado la mesita de juegos desde la sala, la pusieron junto a la mecedora azul, y la usaron para subirse otra vez... ¡habrase visto tanta insistencia!

Los veo tan listos y me da orgullo, luego volteo y miro todo lo que hay en la casa que es potencialmente peligroso ahora que les ha dado por ser trepadores profesionales: el banco alto con peldaños donde pongo la pañalera, las andaderas a las que ya Rodrigo se quiso subir por fuera el otro día, la mesa de centro, su baúl de juguetes, el balcón de allá afuera que está en el segundo piso; a todo eso le temo, porque estos niños no miden consecuencias, ellos a lo que van, que no los interrumpan ni les digan que no porque se indignan, para ellos subirse a ese banco fue una aventura sensacional, porque lograron estar arriba, en otro nivel, y brincaron en suavecito, que les fascina. Pero a mí lo que me brincan son los nervios, porque los dos son requete-atrabancados, se avientan con unas ganas a todos lados, y tienen una fuerza insospechada. Me gustaría tener una casa llena de cojines, todo al nivel de los niños, ninguna esquina de fierro o madera, ningún elemento punzo-cortante, ningún líquido peligroso, una casa donde pudiera verlos andar sin tapujos, sin miedos, sin "no, bebé, ahí no se puede entrar, no nene, no te subas ahí". Ellos solos encuentran nuevos lugares. Desde el domingo descubrieron que atrás del sillón reclinable de la sala hay un espacio donde ellos caben. Pues se convirtieron en lombrices y lograron meterse entre las patas del sillón y la chimenea (su cabecita no cabe por ahí, se tuvieron que poner pecho tierra) y ya allá atrás fueron los más felices. Encontraron sus si-llitas de cuando eran bebés, que ahora son buenas para hincarse en ellas, y querer pararse para alcanzar las persianas, una canasta de revistas que la agarran de caballito, y sobre todo ahora llegan a la mesa de centro por otro ángulo, y entonces todo lo que poníamos fuera de su alcance en esa mesa de pronto estuvo a su alcance, y hubo que mover todo a la otra esquina. ¿Que si deberíamos decirles que no se metan atrás del sillón? Si, quizás esa es la respuesta, pero quiero ver a un niño de un año que entienda la palabra "no".

Estaba leyendo que nuestra generación y las de antes fueron educadas mucho en base al miedo, y que ahora esta generación es más libre, los papás les permiten más cosas a sus niños, pero son mucho más estrictos en cosas más serias. Cuando yo crecí no tenía ningún acceso a drogas, por ejemplo. Pero ahora con la estúpida proliferación de los negocios de placeres inmediatos, en cualquier escuela se venden drogas o armas. Esos temas sí que merecen disciplina férrea, me parece, ahí sí hay que tener hierro en las venas para poner a los hijos en su lugar y en paz. En general estos niños son un dulce, se portan muy bien, sólo cuando están enfermos, cansados o se sienten extraños se portan medio raros, ni siquiera mal, sino que no son los dulces que siempre son. David es muy bueno con ellos en ese sentido, les tiene paciencia (que yo pensaba que él no tenía) y se muere de la risa de sus ingeniosas ideas. Donde nos morimos de la risa es en la comida, a veces estos niños nos matan de las carcajadas. Ayer Sebastián se comió su plátano en rebanadas fascinado, como siempre. Al pobre de Rodrigo le toca el "ándale, Rodrigo, cómete tu plátano, mira qué rico, a tu hermanito le fascina." (todo esto, claro, en contra de la regla número uno de educación gemelar: nunca compararlos) y en eso Rodrigo, a quien le estaba dando de comer su papá, toma el pedacito de plátano, se lo lleva a la boca, y David y yo (y creo que hasta Sebastián) volteamos a verlo con expectación y júbilo, porque finalmente se lo iba a comer, y después de mirarnos a cada uno en los ojos y sonreírnos son su mejor carita, separó el plátano de su labios, y sin dejar de vernos sonriente, estiró el bracito y aventó el plátano al piso. Ay, ¡es imposible no reírse en esos momentos! Y él por supuesto se ríe también, y entonces cree que es chiste y la próxima hace lo mismo, y entonces nosotros ya no queremos que tire el plátano, y él "no entiendo, ¿pues no hace rato les pareció tan chistoso?" Ay niños, como tantos otros, tan inteligentes y tan confundidos a veces por nosotros, los adultos que hemos de ser incomprensibles para ellos. Porque ellos en casi todos los sentidos son muy simples: basta mirarlos para saber qué quieren, a dónde van, qué les molesta. No tienen complejidades como nosotros los adultos, ellos no saben mentir, ni hacer daño, ni complicarse la existencia, los bebés no saben de alteraciones hormonales, ni de traumas del pasado ni de compulsión a la repetición. Si tienen hambre, te piden de comer, si tienen sed van a donde está su vaso y toman agua, si tienen sueño te piden brazos para que los lleves a dormir, si están cansados les gusta sentarse contigo a ver las nubes pasar o las ardillas corretearse. No tienen deseos complicados, no quieren ir a España ni se preocupan por que no hay suficiente dinero y si la loseta del baño se está cayendo. A ellos les da exactamente lo mismo. Una bomba atómica puede estallar en Indochina, y ellos tranquilos, pero ahí de ti si no les das sus 'cheerios' al final del desayuno porque arde Troya. Su mundo es fenomenalmente pequeño, y sin embargo, son una maquinaria en preparación. Cada día sus piernas se están coordinando más para caminar, sus vocecitas emiten sonidos a medias que poco a poco se convertirán en sílabas, luego palabras, luego canciones, luego palabras de amor, luego cantos de cuna para sus propios hijos. Su cerebro está estallando en sinapsis por millones, dendritas que llevan en ráfagas pensamientos, deseos, sensaciones. Son una bomba de crecimiento andando, una granada que te estalla en amor cuando está en tus brazos, o cuando les das lo que tanto estaban pidiendo para jugar: el teléfono, la cuchara con la que estás guisando, una probadita de tu plato, los lentes que traes puestos. Yo no estaba preparada para esta felicidad cuando me embaracé. Ni para estar tan cansada...

Duendes caseros

42

Tenemos un pequeño duende en casa. Anda sigiloso por los pasillos, se aparece de pronto entre los muebles, trae como única seña su sonrisa y una decisión ciega para seguir caminando. Es pequeño, apenas me llega a la mitad del muslo, tiene el pelo corto y los pies como Charles Chaplin. Navega con dos antenitas invisibles que le indican dónde está su hermano escondido, dónde se cayó la tapa de la crema y el último 'cheerio' que se le cayó en la mañana desde la sillita de comer. No habla, no grita, no hace aspavientos, sólo camina apresurado, a tientas, calculando cómo hacer para no caerse. Este duendecito casero no quiere a veces que lo intercepte, porque en su mente siempre tiene claro a dónde quiere ir o qué quiere conseguir, y a veces nosotros sólo nos interponemos entre él y su meta. Pero a veces se cansa, se tropieza, cae como si lo hubieran entrenado los mejores futbolistas, de lado y rodando sobre el hombro para no lastimarse, y se queda panza arriba, como que se le olvida a dónde iba, y mira al techo, y comienza a tamborilear el piso con los talones, diciéndole al piso que allá va, que ahorita le sigue, que está tomando un breve descanso porque esto de caminar es muy cansado. Al mismo tiempo canta: tata tata... Mammamaa papaaa...tatataaa.. Mamaa... Y es entonces cuando me le acerco, lo beso en el ombligo, le hago cosquillas en las costillas, y él se ríe de lo lindo, entre carcajadas me revela sus dientes nuevos, y los que aún le tienen que salir que le están brotando. Ahí acostadito parece el bebito que era hasta hace apenas dos meses, pero ya no es un bebé, él ya es un gran señor dueño del mundo, derechito, erguida la frente, amplia la sonrisa, que va por de la cocina al baño sin pedir permiso, él es el dueño de esta casa, del mundo, tiene la responsabilidad a cuestas de inspirar a su hermano a caminar, ese hermano que hoy dio cuatro pasos seguidos y que al rato se va a convertir en el segundo gnomo de la casa, para encantarla con sus pasos que destilan polvo de estrellas por donde caminan, y hay mariposas sobre sus cabezas, y una luz iridiscente que se crea al ir cortando el aire por el que cruzan para llegar a donde van. Son ángeles, duendes, pequeños entes que me hinchan el corazón de orgullo, y me recuerdan lo maravilloso que es el cuerpo y la mente humanos, tan pequeños ahora y tan grandiosos al mismo tiempo. Van por esta vida decididos, con los músculos fortaleciéndoles el futuro, con los ojos puestos en el juguete, la comida, su vasito, y mañana los tendrán puestos en sus sueños, en los ojos de su enamorada, en el futuro. Pero por ahora hay una magia rondando por la casa, como si los cuentos de hadas fueran realidad, y es que su personaje principal es este pequeño que ronda quedito toda la casa, con sus piecitos de apenas seis centímetros que lo llevan de aquí para allá incansablemente, recordándonos que lo dulce de esta vida es lo divertido del camino, no la meta.

Sin cáscara

43

Acabo de ver la película Billy Elliot. Es una historia de un chico de once años, que vive en un pueblito minero de Inglaterra, con una pasión por bailar. Después de muchos problemas y esfuerzos, un día finalmente todos entienden que lo suyo no es un capricho ni una moda, sino que la danza es vital para su existencia, y tiene el don de hacerlo bien. Cuando le preguntan qué siente cuando baila, dice: "no sé, es como si todo se borrara, yo desaparezco, siento un fuego por dentro, soy un pájaro allá arriba, no soy yo, soy electricidad." Lo aceptan en la Real Academia de Londres, y llega el día que su papá y su hermano le ayudan a hacer su maleta y lo llevan a la estación de autobuses para despedirlo. Yo berreaba. David roncaba. No lo desperté de puro milagro. Los kleenex que tenía a la mano por las alergias del polen de mayo, me sirvieron para sonarme la nariz con ganas, pero no por la moquera que me trajo loca de comezón la nariz todo el día, sino por la lloradota. Lloré porque de pronto me di cuenta que mis chiquitos algún día también me dejarán. Esos bebés me van a dejar un día. Encontrarán su pasión en la vida, lo que los mueve hasta el tuétano, alzarán las alas y se irán volando de esta casa, con sus días nuevos, sin estrenar, se irán a la vida, con tantas puertas entrecerradas esperando que las abran, con tantos peligros, tantas angustias, tantas oportunidades para hacer y ser felices. Y yo, me quedaré como la abuela en la película, viéndolos partir sentadita en un banco, muriéndome de ganas de irme con ellos, de que no se vayan, pero haciéndome fuerte porque los árboles necesitan espacio para crecer fuertes.

Pero es que hoy, por ejemplo, los vi tan lindos, están divinos estos bebés, apenas caminan, dan la vuelta, se persiguen, a Sebastián lo mata de la risa si lo persigo gateando y jugando y lo alcanzo y lo agarro y me lo como a besos, y él mientras suelta una risa ronca, fuerte, intensa. Y Rodrigo cuando sonríe todo lo demás se borra, esa boquita sonriendo de pronto acapara todo en el espacio, y sólo se ven sus blanquísimos dientes perfectos y el brillo de sus ojitos, y camina como dirigido por su ombligo, sin ton ni son, porque eso son estos bebés: un andar borrachito, de aquí para allá, descubriendo algo nuevo, pidiendo lo familiar, exigiendo atención a sus básicas necesidades, jugando a aprender, midiendo nuestras reacciones, regalándonos la alegría más eterna y profunda que jamás habíamos sentido en nuestras vidas. Pero todo eso es pasajero. Estos niños van a crecer, no hay vuelta de hoja, se me van a trepar al cielo como enredaderas, ya los veo grandecitos, hablando, leyendo, preguntándome mil cosas, siendo influenciados por otros, luego los deportes, las maestras, las tareas, los viajes, y un día descubrirán su pasión. Se verán en una actividad y sentirán electricidad. Sabrán entonces para qué fueron llamados a vivir. Podrán dedicarse a lo que les gusta olvidándose del tiempo, de los otros, del afuera. Encontrarán la médula del fuego que los mueve, su razón de ser. Para mí, por ejemplo, es escribir.

Me dijo la esposa del papá de David ahora que vino: "aprende de mis errores y apunta en una libretita los logros que van teniendo los niños, sus travesuras...yo no lo hice con mis hijos y me arrepiento porque olvidé tantas cosas..." Sí señora, le cuento que así llevo ya cuatrocientas páginas escribiendo sobre esta aventura llamada maternidad. Qué libretita ni qué libretita, las primeras trescientas páginas ya llenan buena parte de la memoria de mi computadora. Si me siento frente a mis escritos, se me va el tiempo, no sé de mí, me siento en sincronía con mis pensamientos, las letras del teclado, lo que voy vaciando. Ninguna otra actividad me hace sentir así. Quizás andar en bici, en uno de esos recorridos mágicos de septiembre, cuando los girasoles son mil estrellas fugaces al pasar los campos plenos de ellos a medio día, quizás eso se acerque en una milésima a lo que siento al escribir. O a lo que sentía Billy en la película cuando bailaba. Que mis hijos encuentren su pasión también. Que les haga bien, que les sirva de alivio, y si pueden vivir de ello, qué mejor. Siempre he envidiado a los que viven de su pasión, a los que trabajan en lo que les fascina, son extraordinarios en ello y aparte les pagan. Pero al ver esta película, al ver a Billy subirse al camión, despedirse de su hermano y de su papá que se quedaban ahora sí que en el lugar de siempre, en la misma ciudad y con la misma gente, al verlo tan nuevecito respirando profundo antes de dar el primer paso hacia su destino, no pude imaginarme a estos dos enanitos caseros ya grandes, decididos, armados de valor para llegar a tiempo a sus sueños.

¿Qué serán estos querubines cuando crezcan? No me lo quiero imaginar, prefiero que me sorprendan. Pero lo que vayan a hacer, que sea algo que los llene de satisfacciones, que les abra más puertas, que les lleve al amor casi sin quererlo. Que partan con bien y siempre sientan esa electricidad de saberse vivos y extasiados. Y que no me olviden, por favor... Ya cuando se vayan tendré tiempo para todo lo que ahora no tengo tiempo, pero ahora debo disfrutarlos, besarlos mucho, mucho, sentirlos crecer a raudales, ayudarlos a comprender el mundo, entrenarlos para saber renunciar a veces, para estar atentos, salir bien de los problemas, a no mentir, no robar, no perjudicar ni al mundo ni al prójimo. Me siento como la maestra de Billy, que lo vio, lo adoptó, le dio la técnica, le encontró un lugar para ejercer su pasión, peleó por su libertad, y luego lo vio partir estoica y orgullosa. Yo no soy tan estoica, me derrito cada vez que me hacen una gracia, hoy que fui a ver a Rodrigo para asegurarme que no se había dormido con la mamila en la boca, lo vi acostadito de lado, profundamente dormido, su perfil exacto sobre la sábana, y lloré de ternura, de verlo tan chiquito, tan cansado después de correr todo el día, tan dulce, tan ingenuo. Salí llorando y David sólo movió la cabeza de lado a lado, ya está más que acostumbrado a mis sensiblerías. Pero es que estos niños me han pelado la piel, me quitaron las defensas, me siento como coco sin cáscara, como nopal sin espinas, como flor que era botón y de pronto llega la primavera y se va abriendo y se da cuenta que era sol y color y olor y fuente de alimento y razón de sonrisas alrededor. Esa soy yo por estos niños, alguien que cuando los parió nació ella misma, nació otra Sofía que todavía no entiende qué carambas hacen sus—pocas—amigas que todavía no tienen hijos, decisión totalmente voluntaria, qué les pasa por la cabeza, de lo que se están perdiendo, esto de tener bebés no es una oportunidad para perderse, porque si la pierdes, te pierdes de conocer a la mamá dentro de ti, te pierdes las mañanas de cansancio pero también las tardes de carcajadas, te pierdes las vomitadas y las fiebres, pero también la primera palabra de tu niño, las palmaditas que te dan con sus manitas en la espalda cuando los cargas, te pierdes los llantos y las muelas, y también te pierdes el dejar tu descendencia en otro ser distinto y a la vez igual a ti.. No saben los saltos que da el corazón al verlos pasar cerca por una mesa y casi pegarse, no saben de las horas en vela tratando de escuchar si están dormiditos o no después de que lloraron a media noche, ni de la angustia cuando vemos un accidente en la calle, con ambulancia y bomberos, y nosotros con carga tan preciada en el auto, porque un día puede ser que nos pase a nosotros, y de sólo pensar que algo les pudiera pasar sentimos que nos morimos por unos instantes de verdad. Pero en la balanza siempre pesa mucho más lo bueno, lo alentador que es criar en todo el sentido de la palabra. No hay nada que pueda yo comparar con el ser mamá.

Cuando Sebastián y Rodrigo se vayan de casa, les deseo un vuelo maravilloso. Yo también volé, *un lunes de noche la vi partir... con su impermeable amarillo, sus cosas en un atillo, y cantando "quiero ser feliz"*... Serrat y mi biografía. Me fui, levanté alas y aquí estoy. Y si su vuelo los va a llevar a un lugar tan fantástico y envidiable como el mío, adelante, vayan, aleteen. Yo siempre estaré aquí, tal y como mis papás siempre estarán allá para recibirme cuando vuelvo de vez en cuando. Las que hacemos nido, lo hacemos para siempre.

¿Te acuerdas?

44

Mami,

Hoy en la mañana mientras los niños dormían me acordé que hace un año ni ellos ni yo, ni nadie en esta casa dormía. Daba lo mismo el tiempo allá afuera, frío o nevado, nosotros ni nos enterábamos. Teníamos dos recién nacidos en casa. Dos pequeñitos, de apenas tres kilos cada uno, criaturas de arena y terciopelo, envueltas en un halo de tul, un par sobrenatural que rompía los esquemas de tener un primogénito una sola vez en la vida. Nosotros teníamos dos primogénitos... en un solo momento en la vida. Llegaste al hospital, guapa, con un sweater azul que te quedaba divino, tu broche coordinando con tus aretes, tu pelo impecable, tu eterno olor a perfume fino. Entraste como un ventarrón de maternidad a ese cuarto, como todas las abuelas vienen corriendo a ver a los nietos, con ansiedad, emoción, incredulidad, agradecimiento ante la vida que les permite ver los retoños de sus retoños, sus genes revueltos con otros genes en un ser nuevo. En dos seres nuevos, en nuestro caso. Todos los dolores de cabeza que te provoqué en mi vida te los pagué ese día, cuando te hice abuelita, cuando en la escalera generacional subiste un escalón, y yo otro, y mi abuelita otro, porque yo me hice mamá como tú, y entonces te convertiste en lo que fue mi abuelita para mí, pero ahora tú para mis hijos. Y en esa cadena de sangre y energía femenina, nos enlazamos una vez más, y lazamos a dos seres nuevos que nos vinieron a regenerar, a recomenzar en la vida. Cuando te vi entrar, supe que mis hijos eran los más afortunados al tenerte como abuela, un ser tan inteligente y tenaz, tan vivo y emprendedor. Los cargaste y me imaginé que esa misma cara de dulzura que tenías la tuviste cuando me cargaste por primera vez. Parir es volver a nacer, y yo volví a nacer por dos. Y tú también. Les tejiste gorritas mientras estuviste en el hospital, mientras yo medio dormía entre el suero y las medicinas para el dolor, qué horror fueron para mí esos días. Mi cuerpo se despedía de un embarazo tremendamente difícil con una recuperación de terror, con aire embolsado en mis intestinos, con contracciones, con un dolor continuo en los 12 centímetros que me abrieron, con los pechos hinchados y sensibles, y al mismo tiempo con la alegría inmensa de ver a Sebastián y Rodrigo completos, sanos, divinos. Qué contrariedad. Y al mismo tiempo que sufría, me vanagloriaba por la suerte de haber sido madre. No lo volvería a vivir otra vez, pero no lo cambio por nada. Luego nos tocó regresar a casa, ese nido que estábamos acolchonando desde hacía meses David y yo, y que ahora podía recibir calientito a los bebés y a su abuelita. Y entonces, apenas entonces, comenzó la verdadera aventura...

¿Te acuerdas que vivíamos en piyama? Yo no me la quité, sólo me ponía otra limpia, pero en piyama viví por semanas, meses, de esas piyamas de maternidad que tenían abiertas al frente para poder dar pecho. Tú me las lavabas, me lavabas todo, déjame me agarro porque ésta me lava a mí también, como decía mi abuelita, así decía yo cuando comenzabas por toda la casa a recoger ropa para echar a la lavadora. Nos bañábamos... a veces... *"si nos dejan"*, como cantábamos cuando hacíamos planes: ahorita que se duerman los niños voy a hacer la sopa, decías. Yo me voy a bañar, decía yo. Yo voy a hablarle a tu papá. Yo voy a ver el correo. Y mientras les acabábamos de dar yo el pecho, tú la mamila, comenzabas a cantar "si nos dejan... nos vamos a bañar en este día..."

¡Ay mami, cómo me hacías reir! Y mira que necesitábamos buen humor para sobrevivir la tarea de dar de comer cada tres horas a dos bebés, lo cual nos tomaba dos horas, y entonces nos quedaba una hora entre una comida y la otra, y a veces ni tiempo de ir al baño nos daba, ya cuando volteábamos, ccuuyyaaaaáááa... ¡Ya se habían despertado otra vez para comer! Y así era todo el día, las 24 horas, sin parar, no había tregua ni descanso. Recuerdo que apenas ponía yo mi cabeza sobre la almohada, cerraba los ojos y enseguida oía a uno de los dos bebés llorar, y no quería abrir los ojos, pero no me quedaba de otra. Ni modo, esos niños debían comer y yo era la proveedora de su alimento. Mis senos estaban enormes, pesados, a veces los tenía que poner en agua tibia para suavizarlos tantito antes de darles de comer. Me salía mucha leche, y sobretodo después de unas semanas de práctica, los niños me los vaciaban todos, Sebastián a velocidades exorbitantes especialmente. Glú glú glú, tres, cuatro minutos, ciao, listo, mi pecho vacío, él satisfecho, se me quedaba dormidito en los brazos, ese nene de ojos oscuros y boquita de pescado. Había madrugadas que nos quedábamos dormidos juntos, yo en la mecedora, él en mis brazos, sobre la "dona", esa almohada en las que los recostaba para darles de comer. Y el amanecer nos sorprendía juntos, totalmente exhausta yo, muy hambriento él. Siempre se agarró a mi pecho muy bien, desde chiquitito. Rodrigo era otra historia; era tan desesperado que se súper enojaba porque la leche no le llegaba YA, en el momento mismo que surgía su hambre, y para calmarlo y que agarrara el pecho era todo un rollo.

Ese concierto del cuerpo de la mamá con el del bebé, en un acto de sobrevivencia que siempre me dejará boquiabierta. Cuán sabia es la naturaleza, que en vez de hacer depender a un recién nacido de algo totalmente extraño para comer, le puso a la madre la maravillosa tarea de crear su sustento dentro de ella misma, y ser ella la proveedora no sólo de nutrientes, sino de calor, caricia, dedicación; porque todo eso es dar el pecho, es darse uno misma al hijo, desafiar al cansancio y enloquecerte de amor cuando tienes a ese ser, surgido de tí, prendido a tu persona, física y emocionalmente, como un ser continuo, ni siquiera contiguo, sino uno mismo. Esa es, sin lugar a duda, la base de toda relación emocional de su futuro. Sabio Freud. ¿Qué tal si Freud hubiera sido mujer y madre? Uf, ni me lo puedo imaginar.

¿Te acuerdas de su moisés? Esos angelitos chiquitos cabían los dos en un solo moisés. Uno acostado para un lado, otro para el otro, con sus gorritas que les tejiste, y envueltos en las sabanitas de piqué que les trajiste, como tamalitos. Rodrigo siempre sacaba las manitas, parecía que estaba cantando, ¿te acuerdas cómo te hacía reir cuando ya que lo habías enrollado perfectamente, hecho un bultito lo depositabas e inmediatamente se ponía a arremolinarse hasta que lograba sacar las manitas? Y el día que les colgué muñequitos de la orilla del moisés, ¿te acuerdas cómo se le quedó mirando al osito que le hizo su tía Lilita? ¿Te acuerdas mami? Qué mirada, ¿verdad? No se le despegaba, el osito lo tenía azorado.

El otro que vivía azorado era el papá. No era posible que tanto líquido saliera de estos dos pequeñísimos cuerpecitos. Había pipí en los pañales, en nuestra ropa, en la mesa de cambio, hasta en la pared. Nos empaparon tan seguido, ese chisguete salía improvisado en el momento menos esperado mientras los estábamos cambiando y hasta la cara nos salpicaba. Los cambios de pañales eran interminables. Aullaban los bebés, no les gustaba estar desnudos. David llamaba a la mesa de cambio el altar de los sacrificios.

Me mandabas a descansar después de darles de comer, rogándome que descansara. Mientras tanto, tú los arrullabas hasta que se quedaban dormiditos, te ibas a cocinar de puntitas, tratando de no hacer ruido mientras picabas las zanahorias para el arroz. Sacabas la ropa de la secadora, la doblabas, ayudabas a preparar las botellas para el próximo turno, y lavabas la infinidad de piececitas de la bomba con que yo me sacaba la leche. Tenías todo listo para la próxima batalla. Me dabas de comer a mí también. Me acuerdo que en más de una ocasión, tú me serviste de comer mientras yo daba pecho. Éramos una cadena de alimentación en vivo y a todo color. ¡Me llenabas el vaso de agua, y mira que yo tomaba agua! Me saciaste la sed, no sólo del agua, sino mi sed de cuidado materno también. Es el día que no sé qué hubiera hecho sin ti esas primeras semanas.

David llegaba puntual a las 5 y tú te ibas a descansar. El y tú se alternaban las noches para ayudarme. Una noche escuché a Sebastián llorar a media noche, y cuando entré a su cuarto, ahí estabas, tratando de darle la mamila a los dos al mismo tiempo porque no me querías despertar. Yo me acababa de recuperar de una fiebre espantosa y no había dormido en un día y medio. Tu cara estaba llena de angustia, los niños lloraban, yo estaba todavía medio dormida. Mami, tratabas de ayudarnos a todos. Y lo lograste.

Algunas tardes eran mortales, ¿verdad? De cinco a ocho los bebés estaban de los más lloroncitos, nos volvíamos todos locos con tanto llanto. Yo leí libros sobre cuidado de recién nacidos antes de parir, pero ésta era la prueba real, y ningún libro me dijo que iba a ser tan difícil. Ni mencionar mis hormonas que estaban totalmente inestables, como en la montaña rusa, estaba tan cansada, tan sensible, se me salían las lágrimas a cada rato, estaba tan contenta. Y tú estabas ahí para escucharme cuando me desahogaba. David era mi columna vertebral, tú eras mi almohada.

Nos llegaban regalos a la puerta todos los días. No había cómo llevar la cuenta. Los abríamos, y me encantaba el momento cuando algo precioso y útil aparecía tan luego el papel de envolver cedía. Los bebés recibieron tantas cosas, y ahí estabas tú, lista para lavar la ropita nueva, poner los ositos de peluche en la esquina perfecta, cosiéndoles las manitas a los mamelucos porque estos bebés se arañaban con esas uñitas filosas y delgadas como papel.

No todo fue miel y melcocha, claro. Tú y yo, caracteres fuertes, disposiciones y puntos de vista que no coincidían. Nos peleamos, había tensión, pero la mayor parte del tiempo, nos callábamos la boca y seguíamos adelante. Sebastián y Rodrigo eran la prioridad, y todo lo demás podía esperar.

¿Te acuerdas que no tenía yo la más remota idea de lo que pasaba en el mundo? Me sentía tan distante de todo, de todos, alejada en un mundo de chupones, mamilas, toallitas húmedas, pechos, ojeras de miedo, mecedoras y llamadas a la especialista en lactancia. Yo no ví las noticias ni leí un periódico en meses. Si estallaba una guerra en algún lugar remoto, ni me enteraba. Si alguna catástrofe espantosa sucedía, no entraba en el círculo de mi atención. Todo era dar pecho y cambiar pañales, dormir un ratito, y otra vez, así sin parar. Tú de vez en cuando me contabas lo que pasaba allá afuera, porque en las noches que podías descansar veías las noticias y hablabas por teléfono con mi papi en México.

Llegó el día en que David se tuvo que ir de vuelta al trabajo. Pobre de ti, entonces te tocó ir al supermercado a comprar comida, era febrero, el mes más duro del invierno en Nueva York, tú tan acostumbrada al sol perenne en México, y ahora tenías que lidiar con la nieve, el hielo, los abrigos pesados ¡los parabrisas congelados! Y cuando finalmente yo fui, llamé tres veces a la casa, me contestaste muy linda pero a la tercera me dijiste: mira, si sigues llamando, los vas a despertar, así es que mejor apúrate m'hijita y regresa pronto, OK mamá.

Me acuerdo que un día te oí que hablabas sola allá en la cocina. Yo me había ido a descansar un momento a mi cuarto, porque la noche había estado de miedo, y recuerdo despertarme así toda amodorrada y pensando: ¿Con quién habla mi mamá? ¿Qué está picando en la tabla de cortar en la cocina? ¿Quién vino de visita? Me levanté y arrastré todo mi cansado ser a la cocina para encontrarme con una escena de lo más dulce: estabas sentada frente a la mesa de la cocina cortando zanahorias. Tenías a Sebastián y a Rodrigo a tus pies sentaditos en sus sillas reclinables, y estabas arrullando cada sillita, Sebastián con tu pie izquierdo, Rodrigo con el derecho. Al mismo tiempo, les estabas contando un cuento sobre el Dios del Viento, el mismo cuento que me contabas cuando yo era chica, y los bebés te veían embobados, fascinados por el ritmo de tus manos, el sonido cadencioso de la madera y el metal, coordinado con el movimiento de tus pies, todo fluido con tus palabras en español. Me sentí tan feliz en ese momento, tan orgullosa de ser tu hija. ¿Crees que Sebastián y Rodrigo se acuerden de ese momento cuando crezcan? Yo sé que siempre lo recordaré. Gracias mami. Feliz Día de las Madres.

Tengo

45

Tengo una perra leal, que me sigue a donde voy y me chilla cuando salgo de la casa y no la llevo. Una perra tranquila, con aires de grandeza que muere por caricias y defiende a mis niños si alguien extraño se acerca. Que se desvive de alegría en brincos cuando vuelvo. Tengo una perra como la que tenía mi mamá.

Tengo una casa arreglada, que funciona en base a una rutina donde todos los que vivimos en ella participamos. Todos limpiamos, alzamos, doblamos, ponemos las cosas en su lugar. Hasta los niños que apenas tienen 5 años. Tengo una casa de colores vivos, donde quizás el piso de la cocina no esté trapeado hasta rechinar, pero sí está llena de vida que se trasmina por las paredes, inspirada en cada carcajada de los niños. Una casa con tendedero que trabaja diario, ganchos que no se cansan de abrir y cerrar para ver pasar la caravana de shorts, camisas, calzones, toallas, sábanas, todo un vestuario que nunca se cansa de ensuciar y limpiar. Tengo una casa como la de mi mamá.

Hago un arroz de perdición. Me gusta cuánto le gustan las albóndigas que hago a los que se sientan a mi mesa. Aunque hasta ahora que está mi mamá de visita me entero que echándole tomillo a la carne y le da un mejor sabor todavía. Cuando viene gente a la casa, se hace un panal alrededor de mi salsa mexicana, y siempre termina no habiendo suficiente. La cocina es el centro de la vida de esta casa, por donde se entra, por donde se sale, en donde se cuentan las cosas importantes. Tengo una cocina como la de mi mamá.

Mi marido es taciturno y callado. Necio pero enamorado, me da por mi lado y es flexible cuando mi neurosis no me permite serlo.

Me escucha, o más bien me oye, cuando tengo tanto que decir que brinco de un tema al otro como si cada cuestión tuviera fuego y yo me quemara si me quedo mucho en una sola. Me aguanta cada mes cuando las hormonas se me van de carnaval y no hay quien me aguante. En la noche me platica lo importante que tiene que decirme y sabe que a esa hora ya puedo emitir frases coherentes con las que él se atreve a entretejer un diálogo medianamente decente. No es cariñoso conmigo, no me da siempre por mi lado y de vez en cuando se encarga de bajarme del trono de princesa donde yo alucino que pertenezco. Tengo un marido como mi papá.

En mis hijos tengo a dos traviesos pingos, que son listos como un rayo y rayan en lo consentido. Me desesperan y los disciplino, pero los abrazo y beso en cuanta ocasión me da el día. Los adoro y respeto, y ellos a su vez me dicen "mami te quiero" así como si nada y me obedecen cuando es importante que lo hagan. Soy una mamá que pone límites, que compra helados y les enseña a sumar. Me siento a leerles libros y les regaño cuando los dejan en el piso. Soy una mamá como mi mamá.

Soy una hija que a sus 40 años ya no se pelea con su mamá. Ya no tiene resentimientos y prefiere no recordar las abolladuras emocionales que las fricciones del pasado nos han dejado a las dos. Dejo que mi mamá disfrute a mis niños cuanto ella quiera, y cuando la veo contándoles cuentos sé que les está dando lo mejor de ella: su imaginación, su cordura, su vivacidad. Ya no me lamento del tiempo perdido, ni de las cosas que nos alejaron en el pasado. Por fin he puesto el pasado donde pertenece: allá atrás. Ya no me siento juzgada ni siento que no soy suficiente, porque veo aceptación y orgullo en sus ojos cuando me mira. Mis niños la siguen porque ella tiene el tiempo todo para ellos, y no como yo, que soy una mamá apurada, que trabaja, guía, está al teléfono buena parte del día, planea lo que vamos a comer, baña a la perra, lleva al niño al doctor, cuida al marido cuando se enferma, cambia sábanas, lava sábanas, seca y dobla sábanas, arregla cajones, va al gimnasio, es una buenaza en su trabajo y tiene una culpa enorme porque a veces los niños quieren jugar con ella cuando ella tiene que estar al teléfono por cuestiones de trabajo. Y ahí es cuando mi mamá viene al saque, ella se pone a jugar dominó con ellos, hacer rompecabezas al por mayor con Rodrigo, le cuenta de mis hermanos a Sebastián hasta hacerlo doblarse de risa, les cocina caldito de pollo y sopa de letritas, que no paran de pedir y comer. Después de tantos años estos dos niños nos han reunido como una taza hermosa que se parte y luego con un pegamento mágico y transparente la taza vuelve a ser una y ni quien nota la fisura. Estoy pasando un verano fantástico. Igual que mi mamá.

Epílogo

Los niños crecieron y nuestra vida es diferente. Miro atrás, re-leo los capítulos en este libro y me entra la nostalgia... ¡pero también recuerdo el cansancio! ¿Cómo le hicimos? Y digo "hicimos" porque nada de esto lo hice yo sola. Entre la familia y los amigos y amigas, sobreviví esta aventura que es criar bebés gemelos.

Ahora parece que la Sofía obsesionada con sus bebés, totalmente inmersa con poco tiempo para nada más, se ha ido disolviendo con el tiempo. Es increíble cómo ser mamá es una labor demandante, exhaustiva, pero más de una lo haríamos de nuevo sin dudarlo un segundo. Me parece que la maternidad es como un beso: puedes leer todo sobre el tema, instruirte en la teoría, pero no es hasta que te besan que te das cuenta de lo que realmente se trata. Y la verdad es que las experiencias de cada mamá son diferentes. Pero hay una cosa que es universal: el amor de una mamá por su hijo. No importa si vives en una vecindad, en una mansión, en medio de la guerra, si fuiste a la escuela o no, si tienes trabajo o no. El amor que un padre siente por su hijo es independiente de toda religión, país, lenguaje, opiniones políticas, preferencias de estilo de vida.

En ese sentido, tener niños es unirse a una cadena ancestral que se rige por una verdad: nada como crear vida te hace más humano. Y cuando tienes gemelos, esa experiencia se multiplica por dos. Por eso, al final, todo vale la pena al doble.